KB058622

오늘 엄마가
공부하는 이유

아이 양육에 걸리는 시간은 10년, 이 후 당신은 무엇을 할 것인가?

오늘 엄마가
공부하는 이유

· 샤론코치 이미애 지음 ·

21세기북스

아이 양육에 걸리는 시간은 10년, 이 후 당신은 무엇을 할 것인가?

상담실에서 만난 많은 여성이 내게 묻는다. 어떻게 하면 아이를 잘 키울 수 있는지, 어떻게 하면 성공적인 인생을 살 수 있는지, 어떻게 하면 나이가 들어서도 자신이 하고 싶은 일을 하며 행복하게 살 수 있는지 등 단순한 자녀 교육 문제를 넘어 인생 전반에 대한 질문을 던진다.

내가 이러한 질문에 정답을 말해줄 수는 없다. 하지만 그동안 만나왔던 수많은 사람을 통한 간접 경험과 전업주부에서 워킹맘으로 전환을 시도하며 겪었던 시행착오, 뒤늦게 제2의 인생을 시작하면서 느꼈던 깨달음을 바탕으로 다음과 같은 조언을 해줄 수는 있다.

"당신의 내일은 지금 무엇을 공부하느냐에 따라 달라진다."

당신의 인생에서
가장 후회되는 일은 무엇입니까?

내가 이와 같은 이야기를 하면 대다수 사람은 실망한 표정을 감추지 않는다. '학생 때도 하지 않던 공부를 이제 와서 시작한다고 인생이 얼마나 달라지겠느냐'라고 반문하는 사람도 있다. '질문'이 '의문'으로 바뀌는 순간이다. 사람들은 자기 뜻대로 일이 풀리지 않을 때 주변을 탓하는 경향이 높다. 해야 하는 이유보다 하지 말아야 하는 이유를 대며 스스로를 합리화한다. 어렵고 힘들고 짜증이 나는, 가시적인 성과가 보이지 않는 일을 계속하는 것보다 이런저런 이유로 포기하는 게 훨씬 편하기 때문이다. 이처럼 사람들이 쉽게 포기하는 것들은 운동, 절약, 금연, 규칙적인 생활 등 여러 가지가 있는데 공부가 그 대표적인 케이스다.

"학창 시절에 공부를 좀 할걸. 지금 와서 너무 후회돼요. 제 아이만큼은 저와 다른 길을 걷게 하고 싶네요. 그래서 말인데요. 우리 아이 어떻게 하면 공부 좀 잘하게 할 수 있을까요?"

"근데, 어머니. 그렇게 후회되시면 지금이라도 공부를 다시 시작해보는 건 어떠세요?"

"그러게요. 제가 10년만 젊었어도….."

'공부를 시작해보라'는 말에 열에 아홉은 '시간이 없어서' '나이가 많아서' '돈이 없어서'라는 핑계를 댄다. 아마도 이런 사람들은 10년 전에도 비슷하게 이야기했을 것이다. 10년 후에도 같은 이야기를 할 확률이 높다. 이들은 남은 인생이 불안하고 두렵고 막막하다고 말하지만 그 어떤 대비책도 세우지 않는다. 소나기를 온몸으로 맞으면서도 피하려 들지 않는다.

이들은 시간이 없는 게 아니라 절박함이 없는 것이다. 그저 지금의 편안함을 포기하고 싶지 않은 것이다. 그러면서도 마지막에는 다음과 같은 이야기를 덧붙인다.

"저도 제 인생이 이렇게 별 볼 일 없을 줄 몰랐어요. 남부럽지 않게 폼 나게 살고 싶었는데….."

얼마든지 별 볼 일 있게 만들 수 있다. 얼마든지 멋있게 살 수 있다. 공부에는 평범한 사람을 비범하게 만드는 힘이 있다. 나 역시 공부로 인생을 바꾼 사람 아니던가.

배부른 호랑이보다
상처 입고 굶주린 맹수가 더 무섭다

하지만 그냥, 대충, 아무렇게나 공부해서는 안 된다. 하려면 제대로 해야 한다. 서른이 넘어 시작하는 어른의 공부가 힘든 이유는 입시나 취업 등 특별한 목적이 없기 때문이다. 이미 학교를 떠난 당신에게 필요한 것은 남은 인생을 안정적으로 살기 위한 진짜 공부다. 그 어떤 바람에도 흔들리지 않는 내공을 길러주는, 실전에서 당장 써먹을 수 있는 현실적인 공부다. 이를 위해서는 '반드시 이뤄내고야 말겠다'는 절박함이 있어야 한다.

내가 아는 한 여성은 남편의 사업 실패 후 아이 분유 값을 벌기 위해 세일즈 가방을 들었다. 대학 졸업 후 바로 결혼해 사회 경험이 전무한 여성이었다. 평생 남에게 아쉬운 소리 한마디 하지 않고 살아온 사람이 보험, 책, 자동차, 화장품 팸플릿이 들어 있는 가방을 손에 들었을 때는 그야말로 벼랑 끝에 선 기분이었을 것이다. 그때 나는 알았다. 배부른 호랑이보다 상처 입고 굶주린 맹수가 더 무서운 법이라는 사실을. 절박함이 있는 사람은 그 어떤 시련과 좌절 앞에서도 절대 포기하지 않는다. 지금 공부를 시작하려는 사람들에게 필요한 게 바로 이러한 간절함이다.

익숙하고 편안한,
안락하고 안전한 길이야말로 위험한 길이다

태생적으로 아이 양육에 매달릴 수밖에 여성들의 특성상, 아이가 인생의 전부인 경우가 많다. 아이에게 올인하는 삶이 가장 익숙하고 안전한 길이기에 웬만해서는 그 궤도를 벗어나려 하지 않는다. 하지만 편안하고 안락한 길이야말로 위험한 길이다. 인생은 장기전이다. 끝을 알 수 없는 긴 레이스에 이정표나 나침반이 없으면 곧 길을 잃고 헤매게 된다.

안타깝게도 엄마가 아이를 케어해줄 수 있는 건 초등학생 때까지다. 성숙이 빠른 아이들은 초등 고학년만 돼도 엄마의 손길을 벗어나려 한다. 엄마의 통제권 대신 아이의 주도권이 더 큰 힘을 발휘하는 날이 온다.

아이를 양육하는 데 걸리는 시간은 대략 10년, 앞으로 당신에게는 최소 50, 60년의 인생이 남아 있다. 그렇다면 남은 인생, 무엇으로 살려 하는가? 평생 아이의 궁둥이만 쫓아다니며 살 생각이 아니라면, 아이 인생이 소중한 만큼 당신의 인생도 소중하다는 사실을 깨달아야 한다.

'빈 자루는 똑바로 설 수 없다'는 말이 있다. 당신의 인생을 아이와 남편이 아닌, 다른 그 무엇으로 채워야 한다. 아이가 성장해서 당신의 품을 떠나고, 갑작스레 남편이 경제력을 잃어도 쓰러지지 않고 똑바로 설 수 있는 힘을 길러야 한다. 그 누구도 빼앗어갈 수 없고 훔쳐갈 수도 없는 진짜 '내 것'을 채워야 한다. 이것이 바로 '오늘 엄마가 공부해야 하는 이유'다.

'아무개 엄마'에서
내 이름 석 자를 되찾기까지

지난 12년간 매일 밤 10시면 나는 가족들에게 '엄마로서 퇴근'을 선언하고 인간 '이미애'로 돌아와 식탁에 앉아 공부를 했다. 아이들이 등교한 오전에는 상담 심리와 학습 코칭을 배웠고, 동네 지인들과 쇼핑하러 다니는 대신 서점과 도서관을 다니며 내게 필요한 자료를 모았다. 이러한 과정을 통해 내가 정말 하고 싶은 일을 찾을 수 있었고 무엇을 어떻게 공부해야 하는지 알 수 있었다.

다른 사람들이 은퇴를 준비하는 마흔이 넘은 나이에 새로운 인생을 시작하게 된 것도, 10년 넘게 '아무개 엄마'로 살아온 전업주부가 자신의 이름 석 자와 평생 직업을 찾을 수 있었던 것도 공부라는 바탕이 있었기에 가능했던 일이다. 물론 그 과정이 절대 만만치는 않았다.

답답한 현실을 돌파하는 최고의 방법

서 있으면 앉고 싶고 앉으면 눕고 싶고 누우면 잠들고 싶은 게 사람 마음이다. 지금 당장 필요한 게 아니라면 굳이 귀찮음과 수고를 감수하며 새로운 것을 추구할 이유가 없다. 그래서 서른이 넘어 시작하는 공부, 엄마의 공부가 어려운 것이다.

공부는 많은 시간과 정성을 투자하는 장기적인 싸움이다. 이제 막 공부를 시작하는 사람들은 그 과정에서 예상치 못한 수많은 난관에 부딪힐 것이다. 그럴 때일수록 불평과 변명은 내려놓고 묵묵히 당신이 하려고 했던 일을 하라. 배움의 즐거움을 익히기 전까지는 따분함과 지루함에 맞서 싸워야 한다. 또 슬럼프가 와도 쉽게 포기하지 말아야 한다. '도대체 내가 무슨 부귀영화를 누리겠다고 고생을 사서 하나?' 싶은 마음이 드는 순간에도 도망치지 말아야 한다. 삶의 돌파구를 마련하겠다는 각오로

버텨야 한다.

　나는 무언가를 배우기 시작한 그 순간부터 기분이 좋은 날이면 기분이 좋다는 이유로, 우울한 날이면 우울함을 달래기 위해 공부를 했다. 가슴이 답답하거나 어디로 가야 할지 모르겠는, 삶에서 길을 잃은 것 같은 순간에도 책을 읽고 글을 썼다. 내게는 그것이 답답한 현실을 돌파할 수 있는 최선의 방법이었다.

　수많은 어려움에도 불구하고 여전히 인생을 바꾸고자 노력하는 사람들에게 작은 도움이 됐으면 하는 바람으로 이 책을 썼다. 더불어 언제나 든든한 지원군이자 응원군으로 나의 버팀목이 돼주는 가족에게 고마움을 전한다.

2018년

당신의 새로운 시작을 응원하며, 이미애

차례

CHAPTER 1

평생 엄마로만 사는 게 아니다
이제라도 공부를 시작해야 하는 이유

CHAPTER 2

지금 시작해도 충분하다
평범한 전업주부를 최고의 교육 컨설턴트로 만든 공부의 비밀

CHAPTER 3

운명은 학력이 아니라 학습이 만든다
인생을 바꾸고자 노력하는 당신을 위한 자기 분석법

CHAPTER 4

당신은 지금도 잘하고 있다

도약을 꿈꾸는 당신을 위한 성공 예습법

CHAPTER 5

아이는 엄마의 등을 보고 자란다
엄마는 무엇으로 성장하는가?

단조롭고 정체된 삶에 날마다 새로운 무언가를 알아가는 기쁨이야말로 인생의 활력소이자 동기부여의 열쇠다. 공부는 큰돈이 드는 것도 아니고 많은 시간을 뺏기는 일도 아니다. 멀리 나가야 하는 것도 아니고 일련의 장비가 필요하지도 않다. 그저 나의 마음, 하고자 하는 의지만 있다면 지금 이 순간 당신이 앉아 있는 그 자리에서 시작할 수 있다. 참으로 매력적인 일이 아닐 수 없다.

CHAPTER 1

평생 엄마로만
사는 게 아니다

이제라도
공부를 시작해야 하는 이유

당신의 인생에
당신이 없는 이유

지금 당신이 서 있는 곳이 당신의 평가의 마지막은 아니다.
대신 당신은 당신의 평가의 마지막, 끝에 서 있을 것이다.
— 데일 카네기

"네 꿈은 뭐야? 커서 뭐가 되고 싶어?"

"모르겠어요. 하고 싶은 게 없어요."

'하고 싶은 게 없다'는 아이의 대답처럼 부모 속을 터지게 하는 말도 없다. 그래서일까? 상담실을 찾는 상당수의 학부모가 비슷한 고민을 토로한다. 다른 아이들은 학자, 대통령, 목수, 비행기 조종사, 하다못해 사탕이라도 실컷 먹게 슈퍼마켓 주인이라도 되겠다는데, 어째서 내 아이는 그 흔한 꿈 하나 없는지 모르겠단다. 그런데 이렇게 말하는 엄마들의 상황도 별반 다르지 않다. 아이의 학교생활, 성적, 대학, 진로, 남편의 승진, 시댁에 대한 불평불만은 끝도 없이 쏟아내면서 정작 자신에 대한 이야기를 물으면 꿀 먹은 벙어리가 된다.

"어머니 꿈은 무언가요? 앞으로 무얼 하고 싶으세요?"

"우선 아이를 좋은 학교에 보내고….'

"좋아요. 아이를 대학에 보낸 다음은요? 어머니 인생에서 아이가 빠져나간 후에는 무엇을 하고 싶으세요? 혹시 이를 위해 따로 준비하는 게 있나요?"

"…."

엄마 자신도 하고 싶은 게 없다면서, 무엇을 해야 할지 모르겠다면서 왜 아이가 꿈이 없다고 화를 내는 것일까?

가족 밀착형 삶

꿈이라는 건 어느 날 갑자기, 불현듯 섬광처럼 떠오르는 게 아니다. 자신이 무엇을 하고 싶고 무엇을 잘하는지, 무엇을 할 수 있는지 알아야만 꿈도 생긴다. 이를 아는 데 필요한 게 바로 공부다. 끊임없는 학습을 통해 사유하고 성찰하지 않으면 60세가 넘어서도 '하고 싶은 게 없는 사람'이 된다. 하고 싶은 게 없는 사람은 자기주도적인 삶과 거리가 먼 인생을 살게 된다. 만약 당신의 아이가 남이 시키는 일, 누군가를 따라 하는 행위로 일생을 보낸다면 뭐라고 하겠는가? 왜 아이들에게는 '자기주도적인 삶을 살아라' '꿈을 찾아라' '하고 싶은 일을 하라'고 이야기하면서 엄마 자신은 그런 삶을 꿈꾸지 않는가?

물론 여자의 일생을 돌아보면 이런 삶을 이해 못할 바도 아니다. 모두가 부러워하는 화려한 20대를 지낸 여성도 결혼 후 아내, 며느리, 엄마라는 이름에 적응하고 나면 자신만을 위해 뭔가를 한다는 건 사치라고 생각한다. 자신한테 투자할 시간이 있으면 아이 뒷바라지에 더욱 힘을 쏟겠다고 이야기한다.

이런 와중에도 아주 잠깐 책을 펼치고 공부라는 걸 시작할 때가 있다. 바로 임신한 순간이다. 아이를 가진 후에야 비로소 태교와 육아 관련 서적이라도 펼치게 되는 것이다. 물론 이마저도 심신이 지치고 관성과 노하우가 생기면 나 몰라라 하기 일쑤지만.

인터넷과 커뮤니티도 문제다. 요즘 세상에서 이 둘을 통하면 해결하지 못할 문제가 없다. 아기 젖 떼는 시기부터 이유식 식단, 학원 정보까지 그야말로 즉문즉답의 공간이다. 엄마들의 커뮤니티 게시판에는 아기의 대변 색깔이 이상하다며 변이 묻은 기저귀 사진을 올리는 사람이 있을 정도다.

결혼 후 삶의 중심이 나에서 남편, 아이로 옮겨지는 건 여성으로서 당연하다. 특히 가정이란 울타리 안에서 살아가는 전업주부들은 가족 밀착형 삶이 강화될 수밖에 없다. 하지만 인생에서 희로애락의 주체가 '나'가 아니라 '가족'이 되면 반드시 문제가 생긴다.

왜 내 인생에 내가 없는 것일까?

상담실을 찾은 40대 후반의 주부 역시 그랬다. 20대 중반에 결혼한 그녀에게는 벌써 20세가 된 아들이 있었다. 삼대독자에 장손이라 집안 어른들의 기대를 한몸에 받는 아이였다. 하지만 안타깝게도 아이는 어른들이 원하는 대학에 들어가지 못했다. 아들의 대학 진학 실패 후 그녀는 깊은 상실감에 휩싸였다. 자신의 인생이 실패했다는 좌절감은 그녀의 일상 자체를 허무하고 공허하게 만들었다. 깊은 우울증에 빠져 자신만의 세계에 갇혀 있던 그녀에게 구원의 손길을 내민 이는 고등학교 시절부터 단

짝으로 지내던 친구였다. 학창 시절 글쓰기에 소질이 있던 그녀에게 문화센터 글쓰기 강좌를 추천해준 것이다.

친구의 손에 이끌려 강좌에 등록했을 때만 하더라도 그녀는 별생각이 없었다고 한다. 그렇게 맞이한 첫 수업 시간, 하얀 백지를 눈앞에 둔 그녀는 한동안 멍하니 앉아 있었다고 한다. 자신의 이름 석 자를 적고 나니 더 이상 쓸 이야기가 떠오르지 않았기 때문이다. 남편과 아이를 빼고 나니 아무것도 남는 것이 없더라는 그녀. 그녀는 자신의 심정을 이렇게 표현했다.

"나 자신에 관한 이야기를 해본 게 언제인지 기억도 나지 않더라고요. 어쩌다 제가 이렇게 됐을까요?"

결혼 전 내 인생의 주인공은 나였는데, 도대체 언제부터 조연이 돼버린 것일까? 왜 내 인생에 내가 없는 것일까? 아마도 많은 여성이 이와 비슷한 고민을 하고 있을 것이다.

물론 가족을 위한 삶이 무의미한 건 아니다. 하지만 가족이 내 인생의 전부가 돼서는 안 된다. 아무리 사랑하는 가족이라도 그들의 삶과 나의 삶은 구분돼야 한다. 내가 있어야 가정도 있는 법이다. 내가 아닌 타인을 위해 존재하는 삶은 분명 한계가 있다. '아무개의 엄마'가 아니라 당당하게 자신의 이름 석 자를 내걸 수 있는 주체적인 삶을 꿈꿔야 한다. 내 삶을 가족으로만 채우지 말고, 진짜 '내 것'으로 채워야 한다. 남편과 아이가 각자의 삶을 살아가듯 엄마 역시 자신만의 삶을 꾸려나가야 한다. 이를 위한 가장 좋은 방법이 바로 배움이다. 학습이다. 한마디로 공부다.

엄마들에게 이런 이야기를 하면 '이 나이에' '이제 와서' '어느 세월에 공부하느냐'는 말을 자주 한다. 이도 아니면 공부에서 손 놓은 지 오래돼서 무엇을, 어떻게, 어디서부터 시작해야 할지 모르겠다고 이야기한다.

세상에서 가장 편한 말 "다음에" "나중에" "언젠가"

몇 년 전 일흔이 넘은 할머니가 아메리카 대륙을 도보로 횡단해 전 세계적으로 화제가 된 일이 있다. 기자들이 할머니를 찾아가 물었다.

"연세도 많으신데, 어떻게 도보로 횡단할 생각을 하셨습니까? 이 여행의 목적은 무엇인가요?"

"흠…. 처음부터 대륙을 횡단할 생각은 없었습니다. 나는 그저 첫발을 내디딘 것뿐이에요. 그래서 해낼 수 있었답니다."

다소 엉뚱한 할머니의 대답에 기자들은 어리둥절했지만, 비하인드 스토리를 듣고 보니 어느 정도 이해가 갔다. 횡단의 시작이 아주 사소한 일에서 비롯됐던 것이다.

무료한 생활을 보내던 어느 날, 할머니는 손자에게 선물로 운동화 한 켤레를 받는다. 오랜만에 마음에 쏙 드는 선물을 받은 할머니는 첫 데이트를 나가는 소녀처럼 두근거리는 마음으로 운동화를 신고 외출을 나선다. 그 길로 곧장 가까운 지인의 집을 방문한 할머니. 친구와 즐거운 시간을 보내고 집으로 돌아오던 중 불현듯 이런 생각이 들었다고 한다. '이번에는 다른 주에 사는 친구에게 가보자. 걷다가 힘들면 돌아오면 되지!' 그렇게 내디딘 첫발이 아메리카 대륙 횡단이라는 신화를 만들어낸 것이다. 결국 무슨 일이든 시작이 중요하다.

만약 어제와 다른 삶을 꿈꾼다면, 더 나은 미래를 생각한다면 지금까지 나를 편하게 만들던 익숙한 과거와 이별해야 한다. 어제와 똑같은 생각, 똑같은 행동을 하면서 다른 내일을 기대한다는 건 말도 안 되는 일이다. 무슨 일이든 시작이 어렵다. 언제까지 '다음에' '나중에' '언젠가'라는 핑계 뒤에 숨어 있을 것인가? 자꾸 미루면 남는 건 아쉬움과 후회, 한숨과 미련뿐이다. '그저 첫발을 내디뎠을 뿐'이라던 할머니의 말처럼 무언가를 시작하려는 마음, 그것이 중요하다.

내가 변하면
내가 살아가는 세상도 달라진다

세상은 자신이 어디로 가고 있는지
아는 사람에게만 길을 만들어준다.
― 랠프 왈도 에머슨

가만히 생각해보면 언제나 시작이 문제다. 특히 공부를 시작하기 어려운 이유는 귀찮음과 변화에 대한 불안, 그리고 오늘의 안락함을 버리고 싶지 않은 까닭이 크다. 시작을 어렵게 생각하지 말자. 지금까지 하지 않던 일, 완전히 새로운 일이라도 그저 행동으로 옮기면 된다.

전업주부라면 아이를 등교시킨 후 텔레비전 리모컨 대신 책을 읽고, 동네 지인과 점심 약속을 잡는 대신 문화센터에서 관심 있는 강좌를 듣자. 워킹맘이라면 출퇴근 시간을 활용해 독서를 하고, 퇴근 후 스마트폰 게임이나 인터넷 서핑을 하는 대신 인터넷 강의를 듣는 등 어제 하지 않던 일을 하나씩 시작하면 되는 것이다. 이러한 작은 변화들이 모이면 언젠가 내 인생을 송두리째 바꿀 만큼 큰 위력을 발휘한다. 내가 바로 그런 케이스다. 전업주부로 12년을 생활한 후 40대 중반의 늦은 나이에 교육 컨설턴트로 자리할 수 있었던 바탕에는 작고 소소한 공부의 힘이 있었다.

변화를 방해하는 건
타인이 아닌 나 자신이다

전업주부로 생활할 당시 남편 급여에서 일정한 금액을 내 월급이라 생각하고 따로 모았다. 친구는 그 돈으로 아이 학원을 하나 더 보내라고 했지만, 나는 그 돈으로 책을 사거나 각종 강좌를 신청했다. 내 미래를 위한 종잣돈이라고 생각했기에 아깝지 않았다. 가사와 양육에 지친 나 자신에게 스스로 허락한 작은 사치였다.

이를 바탕으로 사진, 캠코더, 글쓰기, 노래, 학습 코칭 전문가 과정, 상담 심리학 등 관심 있는 것은 분야를 가리지 않고 닥치는 대로 학습했다. 인생은 수많은 점이 이어져 하나의 선이 된다더니, 그 작고 소소한 배움이 오늘의 나를 만들었다. 이런 경험을 바탕으로 여성들에게 "지금도 늦지 않았다. 아직 배워야 할 것들이 너무 많다. 일단 시작하자"라고 이야기하면 대다수 여성은 "에이, 너무 늦었어요. 이 나이에 무슨 공부예요" "그것도 능력 있는 사람들의 이야기죠. 전 그냥 애나 잘 키울래요" 등의 부정적인 반응을 보인다. 결국 변화를 방해하는 건 타인이 아니라 언제나 나 자신이다. 사람은 누구나 익숙한 환경에서 편안함을 느낀다. 낯선 환경은 두려워한다.

그런데 말이다. 안락하고 안전한 현재 생활이 언제까지 가능할지 아무도 알 수 없다. 나는 그대로인데 나를 둘러싼 세상이 너무 빨리 변하고 있다. 변화의 파도는 언제라도 나와 가족을 덮치고 안락한 생활을 무너뜨릴 수 있다. 아이가 엄마 품을 떠나고, 남편의 경제력이 사라져도 지금처럼 변하지 않겠다고 고집할 수 있겠는가? 현재 직장생활이 앞으로 몇십 년 동안 이어진다고 장담할 수 있겠는가?

많은 사람이 학교를 졸업함과 동시에 배움은 끝났다고 생각한
다. 하지만 우리에게 정말 필요한 배움은 사회에 나온 후 시작
된다. 하다못해 스마트폰이나 SNS 사용법이라도 배워야 시대를
따라갈 수 있다. 배움을 멈추면 생각이 멈춘다. 학습을 멈추면
성장도 멈춘다.

 우리가 평생 공부해야 하는 이유는 너무도 많지만 나는 다음
의 네 가지로 정리해본다.

 첫째, 공부는 가장 안전하고 확실한 노후 대책이다. 인간의
수명이 너무 길어진 요즘은 인생 100세 시대다. 제2의 직업도
모자라 제3, 제4의 직업까지도 생각해야 하는 시대다. 이런 상
황에서 10대, 20대에 배운 지식으로 남은 80년을 버틸 수 있겠
는가? 새로 나온 가전제품이 한 달 후면 구형 모델이 될 정도
로 빠르게 변하는 세상에서 나 혼자 유유자적 여행하듯 살 수
있겠는가?

 당당한 엄마가 되고 싶다면, 자식에게 기대지 않는 부모가
되고 싶다면, 품위를 잃지 않는 노후를 맞이하고 싶다면 지금
이라도 공부를 시작해야 한다. 공부는 학생이라는 이름을 가진

사람만 하는 게 아니다. 또 공부는 대학에 진학하고, 자격증을 취득하고, 회사에 취직했다고 해서 끝나는 일도 아니다. '꼰대는 성장을 멈춘 사람이고 어른은 성장을 계속하는 사람'이라는 말도 있듯, 나이를 먹는다고 다 어른이 되는 것도 아니다. 잘 알다시피 지혜와 연륜은 오랜 세월을 산다고 저절로 쌓이는 게 아니다.

죽을 때까지 성장하는 것이 인간의 본성이다. 나무가 나이 들면 나이테가 생기듯 사람 역시 지혜의 나이테를 길러야 한다. 그런데 지혜의 나이테는 나무와 달리 나이가 들수록 자연스레 생기는 게 아니다. 본인이 끊임없이 노력해야 지혜가 자란다.

일례로 레오나르도 다빈치는 54세에 모나리자를 완성했고 그 이후에도 해부학, 수학, 광학, 천문학 등 각종 학문에 대한 연구를 멈추지 않았다. J.R.R 톨킨은 62세에 『반지의 제왕』을, 빅토르 위고는 60세에 『레미제라블』을 발표했고 코코 샤넬은 71세에 패션계를 평정했다. 우리가 흔히 말하는 대가와 명장 즉, 일가를 이룬 사람들의 공통점은 바로 죽을 때까지 손에서 공부를 놓지 않았다는 것이다. 배움과 학습에 대한 지치지 않는 열정이 오늘의 그들을 만든 것이다.

무엇을 하기에 너무 늦은 나이는 없다. 공부를 시작하기에 너

무 늦은 때는 없다. 지금 시작해도 10년 후면 그 분야의 전문가
가 될 수 있다.

둘째, 공부는 혼자 있는 시간을 버티는 힘을 길러준다. 나는 없
고 아이와 남편만 있는 삶에 길들어진 여성일수록 혼자 있는 시
간을 버거워한다. 가사와 육아에 지쳐 '혼자 있고 싶다' '나만의
시간이 필요하다'고 노래를 부르던 여성도 막상 자유가 주어지
면 무엇을 어떻게 해야 할지 모른다.

인간은 결국 혼자다. 인간에게는 가족, 돈, 친구가 채워줄 수
없는 본질적인 공허함이 있다. '외로우니까 사람이다'는 말도
있듯 혼자 있는 시간을 얼마나 잘 버티느냐가 중년 이후 삶의
질을 결정한다. 혼자 있는 시간을 버틸 수 있는 힘으로 공부만
큼 좋은 게 없다.

여든이 넘은 나이에도 손에서 책을 놓지 않는 지인이 있다.
그분은 '지금 이 나이에도 책을 통해 매일 새로운 것을 알아간

다'며 '아직도 알아야 할 게 이렇게 많다는 사실이 경이롭지 않느냐'고 반문한다. 날이 갈수록 세상에 대한 호기심이 늘고 새로운 관심사가 등장하니 삶이 지루할 틈이 없단다.

배움은 그 과정 자체가 오롯이 혼자 하는 일이다. 스승이 밥상은 차려줄 수 있지만 스스로 씹고 소화하지 않으면 결코 내 것이 되지 않는 게 공부다. 그래서 공부를 시작하면 혼자 있는 시간이 외롭지 않다. 지식을 씹고 뜯고 맛보고 즐기느라 무료할 틈이 없다. 한창 공부의 재미에 빠져 있을 때는 그 즐거움이 너무 커서 아이들이 내 품을 떠나는 것도 큰 상처 없이 받아들일 수 있었다.

나와 다른 상대를 인정하는 법

셋째, 공부는 나와 다른 상대를 인정하는 법을 알려준다. 자신이 바라보고 느끼는 세상이 전부라고 생각하는 사람은 나와 다른 타인의 생각을 인정하지 못한다. 상대를 포용하지 못하고 무조건 자신이 옳다고 외치는 외골수가 되기 쉽다. 하지만 공부를 하면 과거 자신이 알지 못했던 새로운 프레임이 자꾸 생겨난다.

내가 아는 세상이 전부가 아니고 내가 보고 듣는 게 진리가 아니라는 사실을 깨닫게 된다.

그래서 나는 공부를 내면에 또 다른 소우주를 만드는 과정이라고 이야기한다. 재테크를 공부한 사람은 주식이나 부동산이라는 소우주가, 클래식이나 고전을 공부한 사람은 인문학이라는 소우주가, 집 안 꾸미기를 공부한 사람은 인테리어라는 소우주가 생긴다. 이러한 소우주가 많으면 많을수록 편협한 시선에서 벗어나 삶을 다각적으로 바라보게 된다. '틀린 것'과 '다른 것'을 인정하게 된다.

보다 나은 내일을 준비하는 과정

마지막으로, 공부는 삶의 질을 높여준다. 앞서 이야기했듯 공부는 단순한 지식 습득을 넘어 우리의 세계관과 시각을 넓혀준다. 깊은 생각과 사유는 학창 시절 진작 고민했어야 하는 근본적인 질문으로 이어진다. '나는 누구인가?' '행복이란 무엇인가?'에 대한 답을 구할 수 있도록 도와준다. 지금 자리에서 멈추는 것이 아니라 보다 나은 내일을 위해 무엇을 준비해야 하는지 생각하게 한다. 공부는 좋은 성적과 좋은 대학, 좋은 직장에 들어가기 위한 수단이 아니다. 공부는 바람에 흔들리지 않는 뿌리 깊은 나무, 샘이 마르지 않는 깊은 우물과 같은 건강한 삶의 원천이 된다.

내가 할 수 있을까? 너무 늦은 것은 아닐까? 고민하지 마라. 고민이 길어진다는 것은 자기합리화가 많아진다는 의미다. 자기합리화가 많아지면 결국 시작조차 할 수 없게 된다. 일단 무엇이든 시작하자. 일단 시작하면 어제와 다른 내 모습이 보인다. 한 발자국도 떼지 않고 같은 자리에 우두커니 서 있는 것보다는 잘못된 길이라도 걸어보고 되돌아오는 게 낫다. 첫걸음이 힘들 뿐이다. 시작이 어려울 뿐이다. 알을 깨고 나온 새가 새로운 세상을 만나듯, 내가 변하면 내가 살아가는 세상도 달라진다.

엄마,
인문학을 만나다

우리는 그저 살려고 태어난 게 아니다.
의미 있는 인생을 만들려고 태어난 것이다.
랜디스 프랑지스

1995년 미국의 언론인 얼 쇼리스는 소외 계층을 대상으로 인문학 강좌 '클레멘트 코스'를 열었다. 밥 한 끼가 시급한 사람들에게 인문학 교육이 웬 말이냐며 우려와 비난의 목소리가 쏟아졌다. 하지만 강의는 계속됐고 노숙자, 마약중독자, 성매매 여성이 철학, 문학, 논리학을 배웠다. 그러자 마법 같은 일이 일어났다. 클레멘트 코스 1기 수강생 중에서 치과 의사 2명과 간호사 1명이 배출됐고 무려 14명이 대학에서 학점을 취득한 것이다.

한 졸업생은 이렇게 말했다.

"책을 읽자 어휘력이 늘고 논리를 갖게 됐어요. 예전에는 내 감정을 설명할 수 없어서 욕설이 먼저 나왔고 주먹질과 총질을 했죠."

독서는 노숙자들을 성찰하게 만들었고 자신의 문제를 스스로 해결할 수 있는 주체적 인간으로 성장시켰다. 이처럼 인문학적 사유와 성찰은 개인의 삶을 돌아보게 하고 삶의 질을 높여주는 힘을 가지고 있다.

인간을 이해하고 세상을 바라보는 안목

인문학은 경제, 사회, 문화, 역사, 언어, 문학, 법률, 철학, 예술 등 인간의 사상 및 문화를 대상으로 한 학문 영역을 뜻한다. 한마디로 인간을 이해하고 세상을 바라보는 안목을 인문학적 소양이라고 하는 것이다. 요즘 흔히 말하는 융합형 인재에게 필요한 덕목 역시 인문학적 소양이다. 이제 세상은 도덕 교과서적인 모범 답안을 마련하는 사람이 아니라 자신만의 시선으로 문제를 바라보고 그 누구도 시도하지 않았던 창의적인 방법으로 해결하는 인재를 필요로 한다. 세계적인 미래학자 다니엘 핑크는 저서 『새로운 미래가 온다』를 통해 '미래는 남과 다른 사고방식을 가진 사람들의 세상이 될 것'이라고 이야기했다. 지금 우리에게 필요한 것은 학교에서 배운 틀에 박힌 공식이 아니다. 창의적 사고를 키울 수 있는 균형 잡힌 지식이 필요하다.

균형 잡힌 지식의 식단

애플의 창시자 스티브 잡스는 대학 중퇴 후 인문학과 철학 강의를 청강하며 인문학적 소양을 키웠다. 페이스북의 창시자 마크 주커버그는 컴퓨터 공학을 전공했지만 평소 고대 히브리어와 라틴어로 된 서양 고전을 읽을 만큼 인문학에 탐닉했다고 한다. 아마도 그들의 상상력과 창의성은 탄탄한 인문학적 지식과 IT 기술의 균형 속에서 탄생했을 것이다. 미국의 시카고대학교는 하버드대학교보다 노벨상 수상자를 많이 배출하기로 유명하다. 그런데 이는 '고전 100권 읽기'를 교육 방침으로 정한 이후 생긴 현상이라고 한다. 이것이 바로 인문학이 가진 힘이다.

　물론 우리가 학창 시절에 배운 교과 과정도 인문학의 일부다.

다만 우리가 배웠던 영어 단어와 수학 공식은 입시라는 문제를 해결하기 위한 실용적 지식의 성격이 강하다. 실용적 지식이란 실질적인 이익으로 돌아오는, 한마디로 돈이 되는 지식이다. 재테크, 처세, 입시, 취업 등에 관련된 지식이 바로 그것이다. 덕분에 우리는 세계에서 가장 교육열이 높고 문제 해결력이 뛰어난 학생들을 배출하고 있지만 또 다른 문제가 생겼다. 지식을 지독하게 편식한 결과 생각의 폭은 더할 나위 없이 좁아졌고, 편협한 관점은 사고의 균형을 잃게 만들었다. 지금이라도 균형 잡힌 지식의 식단이 필요하다.

나와 아이를 지켜줄
원칙과 철학을 만드는 힘

당신은 존재하는 것들을 보고 "왜?"냐고 묻지만
나는 결코 없었던 것을 꿈꾸며 "안 될 게 뭐야?"라고 묻는다.
조지 버나드 쇼

텔레비전을 틀면 온갖 보험 광고가 넘쳐난다. 먹고 살기 바빠 건강 관리를 제대로 하지 못한 중년을 대상으로 한 건강식품도 쏟아져 나온다. 건강식품을 먹지 않고 보험을 들지 않으면 뭔가 큰일이 날 것 같은 분위기다. 남들은 다 준비한다는데 '도대체 나는 뭐 하고 있나'라는 불안감이 수화기를 들게 만든다. 교육 컨설턴트로 일하고 있지만 사교육 시장 역시 상황은 비슷하다.

정보라는 이름의 권력에서 벗어나려면

상담실을 찾는 엄마 중 열에 아홉은 땅이 꺼질 듯한 한숨을 쉬며 이야기를 시작한다. 학원에서 상담을 받고 왔는데 '기초가 빈약하다' '다른 아이들에 비해 너무 늦었다' '이대로 4년제 대학은 꿈도 못 꾼다'는 이야기를 들었다는 것이다. 그런데 막상 뚜껑을 열어보면 그렇게 심각한 문제가 아닌 경우가 많다. 아이의 수준에 맞게 계획을 세워주고 몇 과목만 집중해서 신경 쓰면 성적은 얼마든지 올릴 수 있다. 이런 학부모를 만날 때마다 '정보는 권력'이라는 말을 실감한다.

일례로 중세시대 신부들은 성경을 라틴어로 만들어서 보급했다. 성직자의 말을 '하나님 말씀'으로 믿게 하기 위해서였다. 라틴어를 모르는 서민들은 거금을 지불하고 '면죄부'를 샀다. 대중은 면죄부를 구입하면 과거의 죄뿐 아니라 미래에 지을 죄도 용서받을 수 있다는 성직자의 말을 믿었다. 내가 알지 못하는 정보를 알고 있는 사람, 단순한 정보를 넘어 새로운 대안을 제시하는 사람에게는 일명 '권위의 법칙'이 발생한다. 권위의 법칙이란, 권위자에 대한 복종이 거의 무의식적으로 이뤄지는 현상을 말한다. 학부모 커뮤니티에서 일명 '돼지 엄마'라고 불리는 사람의 말과 행동에 권위가 생기는 것도 이와 같은 이유다. 이런 사람들에게 휘둘리지 않고 내 아이를 바른길로 인도하려면 '생각하는 힘'을 길러야 한다.

생각하는 힘을 기르는 가장 좋은 방법

생각하는 힘을 기르는 가장 좋은 방법은 인문학적 사고의 기본이 되는 "왜?"라는 질문을 생활화하는 것이다. 그 어떤 것도 당연하게 받아들이지 말자. 모든 것을 "왜?"라는 시선으로 바라보면 새로운 프레임이 생긴다.

예나 지금이나 학생은 좋은 학교, 좋은 직장이라는 목적지를 향해 달리는 경주마로 여겨지곤 한다. 부모님과 선생님은 아이들에게 '너는 누구인가?' '무엇을 할 것인가?' '앞으로 어떻게 살 것인가?'를 묻지 않는다. 경쟁자가 도처에 널려 있으니 한눈 팔지 말고 목적지를 향해 달리라고 채찍질만 한다. 아이가 성인이 돼 결혼한 후에도 상황은 크게 다르지 않다. 이제 비교 대상은 아이를 알던 모든 사람이다. 남들보다 더 큰 자동차와 더 큰 평수의 아파트를 마련하기 위해 멈추지 않는다. 남이 차를 사면 나도 사야 하고, 남이 아파트 평수를 늘리면 나도 더 넓은 곳으로 이사 가야 하고, 남의 아이가 학원에 다니면 내 아이도 보내야 한다. 내가 지켜야 할 원칙이 없고 나를 지켜줄 철학이 없으니 이렇게 끌려다니는 것이다.

인문학이 필요한 이유가 바로 여기에 있다. 인문학은 근본적인 나에 대한 질문, 그리고 행복에 대한 질문을 던진다. '인생을 어떻게 살 것인가?' '무엇을 해야 내가 행복한가?'에 대한 답을 구해준다.

질문의 7가지 힘

동기부여 강사이자 커뮤니케이션 컨설턴트로 유명한 도로시 리즈는 저서 『질문의 7가지 힘』을 통해 질문이 가진 강력한 힘에 대해 이야기했다. 그녀가 말하는 질문의 힘은 다음과 같다.

첫째, 질문하면 답이 나온다.

둘째, 질문은 생각을 자극한다.

셋째, 질문하면 정보를 얻는다.

넷째, 질문하면 통제가 된다.

다섯째, 질문은 마음을 열게 한다.

여섯째, 질문은 귀를 기울이게 한다.

일곱째, 질문에 답하면 스스로 설득이 된다.

이 중에서 '질문하면 통제가 된다'라는 말은 쉽게 이해되지 않을 수도 있다. 저자는 이 정의에 대해 다음과 같이 설명한다. 저자의 친구가 희귀병에 걸려 본인은 물론 가족 모두 큰 혼란을 겪게 되었다고 한다. 그런데 무슨 일인지 정보를 얻으면 얻을수록 결정이 힘들어지고 불안만 가중되었다. 이에 친구는 가만히 앉아 스스로에게 질문을 던지기 시작한다. '내가 이 병에 대해 알고 있는 것은 무엇인가?' '이 병을 전문적으로 치료하는 의사는 누구인가?' '만약 내게 허락된 시간이 1년 미만이라면 무엇을 해야 할 것인가?' 이러한 질문을 통해 친구는 감정적인 대응에서 벗어나 이성적인 사고로 자기 자신은 물론 상황까지 통제할 수 있었다는 것이다. 이것이 바로 질문이 가지고 있는 놀라운 힘이다.

생각하는 법
& 사유하는 법

평범한 이들도 섣입 걸만 없다면
얼마든지 놀라운 일을 할 수 있다.
— 찰스 프랭클린 게터링

'나는 누구인가?'라는 질문을 평생의 화두로 삼았다는 소크라 테스. "만약 곧 죽을 상황에 처했고 목숨을 구할 방법을 단 1시 간 안에 찾아야만 한다면, 55분은 올바른 질문을 찾는 데 사용 하겠다. 올바른 질문을 찾고 나면 정답을 찾는 데는 5분도 걸리 지 않을 것이다"라고 말했던 아인슈타인. 옛 현인들이 지식보다 질문에 매달렸던 이유는 그 안에 나를 지켜줄 원칙과 철학이 있 기 때문이다.

험한 세상 속에서 엄마가 길을 잃지 않고 내 아이를 바르게 키우기 위해서는 사고의 근육을 단련하는 질문의 힘을 적극적으로 이용해야 한다. 내가 무엇을 생각하고 어떤 질문을 던지느냐에 따라 나 자신은 물론 주변까지 달라진다. 이것이 바로 엄마가 인문학을 배워야 하는 이유다.

'생각할 자유'를 허락하라

많은 사람이 인문학이라는 단어 자체를 어려워한다. 앞서 이야기했던 바와 같이 기본적으로 인문학은 "왜?"라는 질문에서 시작된다. 주어진 상황을 있는 그대로, 곧이곧대로 받아들이는 게 아니라 '도대체 왜?' '이게 맞아?'라는 의구심이 그 출발점이다. 하지만 우리는 지금까지 이렇게 생각하는 법을 배우지 못했고 생각할 자유조차 얻지 못했다.

얼마 전, 의대 진학을 목표로 삼고 있는 중학생을 상담실에서 만났다. 결연한 표정의 아이는 의자에 앉자마자 이렇게 말했다.

"저는 의사가 되어야 해요."

'되고 싶어요'도 아니고 '되어야 한다'는 말이 예사롭게 들리지 않았다. 아니나 다를까. 아이는 병원이 무섭다고 했다. 주삿바늘과 피는 공포영화에 버금가는 두려움을 준다는 것이다. 자신의 의지로 의대 진학을 꿈꾸는 아이는 병원을 무서워하지 않는다. 하얀 가운을 입은 의사를 멋있게 생각하고, 각종 치료 기구들을 장난감처럼 흥미롭게 여긴다. 그런데 이 아이는 주삿바늘 자체를 무서워했고 병원에 가는 것을 두려워했다. 피도 무섭고, 배를 가르는 것도 무섭고, 병원 냄새도 싫단다. 이런 아이가 무슨 투철한 사명감이 있어 의사가 되려고 하는 것일까? 결국 엄마가 원하기 때문이었다.

왜 엄마는 아이가 자신의 직업에 대해, 좋아하는 일에 대해, 하고 싶은 일에 대해 생각할 기회를 주지 않는 것일까? 어째서 아이 스스로 '내가 왜 의사가 되어야 하는지' '어떤 의사가 되고 싶은지' 생각할 여유조차 주지 않는 것일까? 그것은 아마도 엄마 자신 역시 생각하는 법을 배우지 못했기 때문일 것이다. 아이를 의사로 만드는 것이 아이는 물론 가족 모두를 행복하게 만드는 일이라고 배웠기 때문일 것이다.

생각하는 법, 사유하는 법을 배우지 못하면 지금까지 배운 것만 옳다고 믿게 된다. "왜?"라는 질문을 치열하게 던지지 않으면 자신도 모르는 사이 남에게 보여주기 위한 삶, 알맹이는 없고 쭉정이만 남는 인생을 살게 된다.

엄마의 그릇이 곧 아이의 그릇이 된다

우리나라처럼 실용적인 지식을 강조하는 사회 분위기 속에서는 당장 돈이 되는 것도 아니요, 기술로 발전시킬 수도 없는 인문학을 굳이 공부할 필요가 없다고 생각하기 쉽다. 직장과 집안일, 아이들 뒷바라지에 하루 24시간이 모자라는 엄마들은 더욱 그렇다. 청소년 필독서라 불리는 동서양 고전 중 절반이라도 읽은 사람이 몇이나 되겠는가? 이마저도 요약본이나 줄거리만 훑어본 사람이 대부분이지 않을까?

하지만 인문학은 반드시 필요하다. 자녀 교육에 관심이 있는 엄마라면 더 많은 관심을 가져야 한다. 아이를 행복하게 기르기 위해서라도 인문학에 대한 관심을 높여야 한다.

인문학 공부를 어떻게 시작해야 할지 모르겠거든 아이들 책장에 꽂혀 있는 필독서부터 읽어보자. 아이와 함께 읽고 토론하고 생각하다 보면 점점 더 높은 수준의 지식을 요구하는 순간이 온다. 엄마의 그릇이 아이의 그릇이 된다는 사실을 기억하라.

엄마의 지적 수준이 아이의 지적 수준을 결정한다.

부모 마음은 다 똑같다. 내 아이가 누구보다 행복하고 건강하게 살기를 바란다. 아이를 제대로 잘 키우기 위해서는 엄마가 흔들리지 않는 원칙을 가지고 바로 서야 한다. 빠르게 변하는 세상, 넘쳐나는 정보의 홍수 속에서 나는 어디로 가고 있는지, 내 아이는 어느 방향으로 가고 있는지를 알아야 한다. 그 방향을 알려주는 열쇠가 바로 인문학에 있다.

'읽어내는 힘'을 길러야 맥락이 보인다

링링 배움에 헌신하라.
당신의 집신과 당신이 거기에 집어넣는 것,
그것이 당신이 가질 수 있는 최상의 자산이다.

브라이언 트레이시

세계적인 투자가 워런 버핏은 매일 5시간 이상을 읽기에 투자하는 것으로 알려졌다. 신문, 잡지, 책, 100개 이상의 기업리스트와 보고서, 경제 분석표를 하루도 빠짐없이 정독하며 사소한 숫자도 놓치지 않고 기억한다고 한다. 덕분에 그는 본질을 파악하는 통찰력과 직관력을 기를 수 있었으며 눈에 보이지 않는 세상과 상황의 흐름을 읽어내는 시선을 길러낼 수 있었다고 고백한다. 옳고 그름을 가려내는 힘, 세상의 움직임을 바라보는 힘, 변화에 적응하는 힘, 한마디로 '읽어내는 힘'이 오늘의 그를 만든 것이다.

당신은 아직 긁지 않은 복권이다

인터넷의 보급으로 지식의 전달이나 저장 수준이 획기적으로 변했다. 정보를 읽고 기록하던 우리는 어느새 클릭하고 검색하고 저장하는 데 익숙해졌다. 덕분에 생활은 편리해졌을지 몰라도 우리의 사고는 성장을 멈췄다. 너무도 당연한 이야기지만 좋은 질문은 좋은 생각에서 나온다. 좋은 사고는 좋은 책을 읽는 데서 시작된다.

우스갯소리로 다이어트 전의 여자, 취업 전의 남자를 보고 '긁지 않은 복권'이라는 말을 한다. 독서야말로 세상을 읽어내는 힘을 길러줄, 그 어떤 불안에도 흔들리지 않는 원칙을 만들어줄 긁지 않은 복권이다. 그 안에 얼마가 들어 있을지는 아무도 모른다. 하지만 우리의 인생을 바꿔줄 엄청난 노하우가 들어 있는 것만은 분명하다.

그런데 의외로 많은 사람이 '읽는 행위'를 우습게 생각한다.

특히 초등학생 자녀를 둔 엄마들이 그렇다. 상담실에서 만난 초등 고학년 중 상당수가 리딩에 매우 취약한 모습을 보인다. 책을 소리 내어 읽어보라고 하면 유치원생보다 못한 실력으로 더듬거리며 문장을 읽어나간다. 소리 내어 한 페이지 혹은 한 단락을 읽은 아이에게 '지금 읽은 내용이 무엇이었느냐'고 물어보면 대답을 못한다. 이처럼 리딩에 문제가 생기면 아무리 많은 책을 읽어도 맥락을 집어내지 못한다. 아무리 좋은 글을 읽어도 핵심을 파악할 수 없다. 자기 것으로 흡수되지 않으니 당연히 머릿속에 남는 것도 없다. 그런데 신기하게도 이런 아이들이 영어 토론 수업은 기가 막히게 잘한다. 우리말도 제대로 이해하지 못하는 아이가 영어만 잘한다고 진짜 공부가 이뤄질까? 천부당만부당한 말씀이다. 우리말과 우리글을 제대로 읽어내는 힘을 길러야 외국어도 잘할 수 있다.

좋은 스승을 만나는 가장 쉬운 방법

나는 인맥, 학연, 지연이 없는 사람, 쉽게 말해 돈 없고 배경 없는 사람일수록 더 많은 책을 읽어야 한다고 생각한다. '좋은 책을 읽는 것은 훌륭한 스승을 만나는 것과 같다'는 말처럼, 독서는 좋은 스승을 만나는 가장 쉬운 방법이기 때문이다.

책 속에는 숙련된 전문가의 모든 노하우와 지식이 집약적으로 들어가 있다. 책을 읽으면 굳이 저자를 만나지 않아도 그들의 생각과 문제 해결 방법을 간접적으로 경험하게 된다. 특히 고전을 읽으면 시공간을 초월해 그들의 위대한 사상을 만날 수 있다. 당연히 우리의 사유와 의식이 확장되고 삶을 깊이 있게 이해하는 통찰력을 갖게 된다. 하지만 평생 책을 멀리한 사람에게 고전으로 독서를 시작하라는 건 말이 안 된다.

공부와 마찬가지로 독서는 일단 재미있어야 한다. 소가 달구지를 끌듯 그렇게 무거운 마음으로 책을 펼치면 얼마 지나지 않아 포기하기 쉽다. 그렇다고 월간지나 만화책을 보라는 이야기는 아니다.

독서에 흥미를 붙이는 방법

베스트셀러나 자기계발서를 무시하는 사람이 많은데 이마저도 읽지 않는 사람이 태반이다. 많은 사람이 선택했다는 것은 분명

나름의 이유가 있는 것이다. 책이 익숙지 않은 사람은 우선 많은 이에게 '재미있다' '읽을 만하다'고 검증받은 책을 중심으로 텍스트에 익숙해지는 과정을 거쳐야 한다. 소설, 에세이 등의 문학작품으로 독서에 흥미를 붙이는 것도 좋다.

나는 눈길 닿는 곳곳에 책을 둔다. 좋은 책이라면 분야를 가리지 않고 읽는 편이다. 교육 컨설턴트가 된 후에는 심리와 스피치에 관련된 도서를 닥치는 대로 읽었다. 신기한 점은 공부하면 할수록 더 많은 의문이 들고 더 많은 지적 갈증이 생긴다는 사실이다. 자투리 시간이라도 이용해서 책을 읽다 보면 한두 페이지가 몇백 페이지가 되고 몇백 페이지는 수십 권이 된다. 한 달에 한 권이라도 꾸준히 읽는 사람과 그렇지 않은 사람의 인생이 같을 수는 없다. 살아 있는 지혜와 지식을 차곡차곡 쌓는 사람과 그렇지 않은 사람의 생각이 어찌 같을 수 있겠는가?

부모의 독서 시간이
자녀의 독서 습관을 만든다

낚싯줄을 물에 드리우지 않으면 고기를 잡을 수 없다.
타석에 들어서지 않으면 홈런을 칠 수 없다.
시도하지 않으면 목표에 도달할 수 없다.

- 캐서 젤리그먼

　다이어트를 시작한 지 얼마 되지도 않았는데 살이 빠지지 않는다며 울상 짓는 사람이 있다. 음식을 주문한 지 3분도 지나지 않아 '도대체 음식은 언제 나오는 거냐'고 화를 내는 사람이 있다. 졸업 후 책 한 번 제대로 들여다본 적 없으면서 성과가 나지 않는다고 지레 공부를 포기하는 사람이 있다. 세상이 아무리 빠르게 변해도 달라지지 않는 진실이 하나 있다. 공부는 단기 속성이 불가능하다는 사실이다.

자녀에게 독서 습관을 길러주는
가장 좋은 방법

거듭 말하지만 공부는 시간을 내서 하는 게 아니라 있는 시간을 활용하는 것이다. 독서는 더욱 그렇다. 1시간 동안 책상에 앉아 있는 게 중요한 게 아니라 하루 10분, 20분이라도 책을 들여다 보는 행위가 중요하다. 평생 책과 담쌓고 살아온 사람에게 필요한 것은 독서의 양이 아니라 책을 읽는 습관이다. 독서를 생활화하는 자세를 삶의 일부이자, 일상으로 받아들여야 한다. 많은 부모가 자녀에게 책을 읽히기 위해 애를 쓰는데, 아이에게 독서 습관을 심어주는 가장 좋은 방법은 부모가 책을 읽는 모습을 보여주는 것이다.

한 연구 결과에 따르면 자녀의 독서 습관에 영향을 주는 것은 집안의 재력, 부모의 학력이나 직업, 거주지가 아니라 부모의 독서 시간이었다. 공부와 독서를 실천하는 부모 아래서 성장한 자녀는 굳이 '책을 읽어라' '공부해라'라는 말이 없어도 주도적으로 학습한다. 아이에게 읽는 힘을 길러주고 싶다면 부모가 먼저 읽는 습관을 들여야 한다. "제발 공부 좀 해!"라는 말보다 아이 옆에서 책을 읽는 모습을 보여주는 게 훨씬 효과적이다.

책 읽는 습관을 기르는 4가지 방법

독서의 필요성은 알고 있으나 습관이 되지 않아 책 읽는 게 어려운 사람은 다음의 네 가지 방법이 도움을 줄 것이다.

첫째, 잠자기 전 30분을 활용하라. 2014년 방송통신위원회 통계에 따르면 일일 평균 성인의 텔레비전 시청 시간은 약 2시간, 스마트폰을 보는 시간은 약 1시간, 독서하는 시간은 약 6분이라고 한다. 많은 이가 시간이 없어서 책을 못 읽는다고 하지만 스마트폰을 만지는 시간만 줄여도 얼마든지 독서가 가능하다. 잠자기 전 30분 동안이라도 스마트폰을 손에서 내려놓고 책을 읽는 습관을 들이자. 한 달이면 적어도 2권 이상 읽을 수 있다.

둘째, 실현 가능한 목표를 세워라. 시간 관리, 자기 관리, 생활 관리가 안 되는 사람들을 보면 다이어리나 계획표에 집중하는 경우가 많다. 계획이나 목표는 실현 가능한 것으로 잡아야 한다. 6개월에 20킬로그램을 감량하기로 계획했다고 가정해보자. 결국 5킬로그램도 감량하지 못하고 '내가 하는 게 그렇지 뭐'라며 자포자기할 것이다. 독서와 공부 역시 과욕은 금물이다.

'일주일에 한 권 읽기' 같은 목표보다 '하루에 10페이지 읽기'

'매일 종이 신문 완독하기' 등 실행 가능한 목표를 세우는 게 중요하다. 목표를 이뤘을 때 성취감은 독서를 이어나갈 수 있는 강력한 동기부여가 된다.

셋째, 재미있고 쉬운 책을 선택하라. 텍스트를 읽어내는 힘이 약한 사람이 갑자기 플라톤이라 니체를 접하면 작심삼일로 끝나기 쉽다. 책을 많이 읽는 게 아니라 독서 습관을 들이는 게 목적이다. 어려운 책보다 평소 관심 있는 분야의 책을 선택해 읽어내는 힘을 기른 후, 독서의 수준을 높이는 게 옳다.

넷째, 약속이나 나들이 장소를 서점으로 선택하라. 서점의 베스트셀러나 신간 코너에서 제목만 훑어도 각 분야의 트렌드를 알 수 있다. 그러다 보면 어느 순간 관심이 가는 제목의 책을 만나게 되는데 이를 골라 끝까지 읽어내도록 한다.

서른이 넘어 시작하는
공부가 진짜 공부다

어떤 분야에서든 성공을 위한 최소한의 요구 조건이 있다면
그것은 바로 지속적인 학습이다.

— 데니스 웨이틀리

"저희 아이 때문에 정말 미치겠어요. 좋다는 학원도 보내고 과외도 붙여봤는데 도통 성적이 오르질 않아요. 공부에 관심도 없고요. 도대체 누굴 닮았는지 모르겠어요."

얼마 전 상담실에서 만난 40대 여성의 이야기다. 그녀와 남편의 직업은 의사, 두 사람 모두 어린 시절부터 별 무리 없이 엘리트 코스를 밟아왔다. 문제는 외동아들이었다. 부모를 닮았으면 공부를 잘해야 하는데 무슨 일인지 아이의 성적이 바닥을 치고

있었던 것이다. 그녀는 아이가 공부에 흥미를 느끼지 못하는 상황을 쉽게 이해하지 못했다.

"도대체 공부가 왜 그렇게 어려운지 저는 이해가 안 돼요. 학생의 본분이 뭐예요? 공부하는 거잖아요. 그냥 공부만 하면 되는데 왜 그걸 못할까요? 저는 지금도 공부가 가장 쉽거든요."

학창 시절 유독 공부를 잘했던 부모들은 공부 못하는 아이를 이해하기 힘들다. 자신에게 공부가 가장 만만한 일이므로 아이 역시 공부가 쉬우리라고 생각한다. 하지만 공부가 쉬운 사람이 과연 몇이나 될까? 공부가 즐겁고 재미있는 사람은 또 얼마나 있을까? 내가 잘했으니까 내 아이도 잘할 것이라는 막연한 믿음은 서로를 불행하게 만든다.

최소한의 투자비용으로
최대의 수익을 올리는 투자처

90년대 중반에 동생의 학비와 자신의 생활비를 벌기 위해 막노동을 전전하던 남성이 서울대에 수석 합격한 후 변호사가 되어 사회적으로 큰 화제를 모았다. 그 내용이 『공부가 가장 쉬웠어요』라는 책으로 발간되며 대히트를 쳤다. '정말 공부가 가장 쉬웠을까?' 하는 의구심도 들지만, 역으로 생각해보면 이해 못할 일도 아니다.

당장 끼니를 걱정해야 하는 어려운 환경, 내일을 알 수 없는 건설 현장의 일일 막노동생활, 추운 겨울 동장군의 매서운 칼날과 싸우며 오토바이로 음식을 배달하던 정신적, 육체적 고통에 비하면 공부가 가장 쉬웠을 것이다. 공부가 노력을 배신하지 않는 유일한 친구이자 답답한 인생을 바꿔줄 단 하나의 탈출구였을지도 모를 일이다.

당장 끼니를 걱정해야 하는 사람에게 목돈이 들어가는 일은 감히 엄두도 낼 수 없다. 하지만 공부는 큰돈을 필요로 하지 않는다. 책 한 권, 인터넷에서 돌아다니는 수많은 강의 동영상 등을 이용하면 큰 비용을 들이지 않고 얼마든지 원하는 공부를 할 수 있다. 가정환경이 극도로 어려운 사람이 아닌 이상 커피값 조금 모으면 책을 한 권 살 수 있고, 옷 한 벌, 신발 한 켤레 살 돈을 줄이면 원하는 학원 정도는 끊을 수 있다. 공부에 이 정도 투자했다고 통장 잔고가 바닥나거나 가정이 파탄 나지는 않는다. 결국 공부는 최소한의 투자비용으로 최대의 수익을 올리는 가장 이상적인 투자처인 셈이다.

지금이 바로 진짜 공부를 시작할 때

상담실에서 만난 학부모들이 가장 많이 하는 말 중 하나가 '학창 시절로 돌아가면 공부를 정말 열심히 할 것'이라는 이야기다.

"옛말 틀린 것 하나 없다고, 어른들이 왜 그렇게 공부를 열심히 하라고 했는지 이제 이해가 돼요. 성적에 따라 사회에 나오면 출발선이 다르고 일하는 공간 자체가 다르잖아요. 학력이 좋으면 기회의 문도 훨씬 많이 열리고요. 그때 열심히 공부했으면 저는 지금과 전혀 다른 삶을 살고 있겠죠?"

총성 없는 전쟁터, 정글보다 무서운 약육강식의 사회에 나오면, 이 생존경쟁에서 살아남을 유일한 방법이 공부라는 사실을 알게 된다. 그리고 이제라도 공부를 시작하면 충분히 인생을 바꿀 수 있다는 사실도 깨닫는다. 이보다 더 강력한 동기부여가 또 있을까? 그런데 왜 이토록 중요한 공부를 시작하지 않는 것일까?

이유는 단 하나, 귀찮아서다. 어느 부모의 말대로 학생일 때도 귀찮아서 하지 않았던 것을 굳이 다 자라서 할 필요는 없다고 생각하기 때문이다. 하지만 서른이 넘어 시작하는 늦은 공부가 진짜 공부다.

공부 머리는 정말 타고나는 것일까?

서른이 넘으면 자신의 성향을 어느 정도 파악할 수 있다. 자신의 강점과 약점, 장점과 단점을 알고 자신이 좋아하는 분야와 그렇지 않은 분야를 구분할 수 있다. 어학에 관심이 전혀 없는 사람이 좋은 성적을 받기 위해 억지로 영어 단어를 외워야 하는 시기는 끝난 셈이다. 따라서 먼 길을 돌아갈 필요도 없고 무모한 도전으로 시간을 낭비할 필요도 없다.

어른의 공부, 엄마의 공부는 평가받을 필요가 없다. 지금 우리가 하는 공부는 내 만족을 위한 것이지 타인에게 인정받기 위한 도구가 아니다. 선생님이나 부모의 눈치 볼 필요 없이 그저 내가 만족하면 그뿐이다.

간혹 '공부 머리는 타고나는 것'이어서 자신은 공부에 소질이 없다고 생각하는 사람이 있다. 어느 정도 일리가 있는 말이다. 아무래도 IQ가 높은 사람이 그렇지 않은 사람에 비해 학습 능력이 뛰어난 건 사실이다.

하지만 많은 연구 결과에 따르면 성적과 지능은 큰 상관이 없는 것으로 나타났다. 아무리 지능이 높아도 열정과 노력을 이길 수 없다는 이야기다.

버티고 견뎌내는 힘

지금 우리에게 필요한 것은 뛰어난 지능이 아니다. 그저 공부라는 투자처에서 일정한 수익을 낼 때까지 버티고 견디는 힘이 필요하다. 한 시간을 버티고 하루를 버티고 일주일을 버티고 한 달을 버티자. 그렇게 일 년을 버텨야만 다른 사람과 비슷하게 성장할 수 있다. 그 시간을 버텨내지 못했다면 오늘의 나는 존재하지 않았을 것이다.

인생은 끝까지 살아남는 자가 승리하는 게임이다. 아이러니하게도 숨이 턱 끝까지 차올랐다는 것은 그만큼 결승선이 가까워졌음을 의미한다. 더는 안 되겠다고, 이젠 못하겠다고 백기를 들고 싶은 순간 딱 한 걸음만 더 내디뎌라. 그 한 걸음이 당신을 평생 동안 지켜줄 가장 강력한 무기가 될 것이다.

우리가 그릇된 선택을 하고 잘못된 길로 들어서는 것은 대부분 지나친 욕심 때문이다. 쉽고 빠른 길로 가려는 과욕이 판단력을 흐린다. 흐려진 판단력을 되돌리기 위해서는 돌아보고 반성하며 나 자신과 끊임없는 대화를 주고받아야 한다. 학문적 공부와 더불어 나 자신에 대한 공부도 게을리하지 말아야 한다. 아무것도 하지 않으면 아무 일도 일어나지 않는다. 다른 결과를 원한다면 무언가 다른 일을 해야만 한다.

CHAPTER 2

지금 시작해도
충분하다

평범한 전업주부를
최고의 교육 컨설턴트로 만든 공부의 비밀

과거를 알고 싶다면
현재 상황을 들여다보라

오늘 그것을 할 수 없다면
대체 무슨 근거로 내일 그것을 할 수 있다고 생각하는가?
율리우스 타라

공부는 스트레스다. 천성적으로 학문에 흥미가 있는 몇몇 사
람을 빼고는 부모의 기대에 부응하기 위해, 입시를 위해 어쩔
수 없이 책상에 앉아 있을 뿐, 공부 자체에 흥미를 가진 사람은
많지 않다. 이것이 바로 어학 공부를 하겠다며 관련 서적을 잔
뜩 구비하지만 첫 챕터를 다 읽기도 전에 포기하는 이유다. 스
스로를 믿지 못해 학원을 등록하지만 이 역시 작심삼일로 끝나
고 만다. 약속이 생겨서, 날씨가 좋지 않아서, 귀찮아서 하루 이

틀 빠지다 보면 수업 속도를 따라가지 못해 공부 자체에 흥미를 잃는다. 이는 우리가 입시를 위한 공부에 길들여졌기 때문에 일어나는 현상이다.

우리는 지금까지 단 한 번도 공부하는 과정을 스스로 결정한 적 없었다. 왜 공부를 해야 하는지, 공부한 것을 어디에 어떻게 사용할 것인지 생각할 겨를이 없었다. 그저 학원이나 학교에서 정해주는 시험 과목과 범위만 공부하면 될 뿐이었다. 하지만 성인의 공부는 전혀 다른 양상을 보인다. 공부 목적, 과정, 범위는 물론 일정까지 스스로 결정해야만 한다. 과제가 없으니 본인의 강력한 의지가 없으면 복습도 힘들다. 오롯이 나 혼자 공부의 목적과 방향을 결정해야만 한다. 그러므로 시험 통과, 대학 진학, 공무원 시험 등 일련의 목적이 있는 공부에 비해 방향과 길을 잃기 쉽다.

쓸데없는 공부는 없다

그런데 우리가 원래부터 배움을 싫어했을까? 그렇지는 않을 것이다. 우리 아이들을 떠올려보라.

어린아이들은 "제발 그 입 좀 닫아줄래?"라고 말하고 싶을 만큼 온종일 엄마를 따라다니며 "이건 왜 그래?" "저건 뭐야?"라는 질문을 달고 산다. 오감을 한껏 이용해 눈에 보이는 것, 손발에 닿는 모든 것에 넘치는 호기심을 보인다. 사소한 것 하나도 놓치지 않으려 하며 세상의 모든 지식을 스펀지처럼 빨아들인다. 그런데 학교 공부가 시작되면 이토록 즐겁고 흥미로웠던 배움의 즐거움이 사라진다. 공부가 경쟁이 되고 비교와 평가의 도구로 사용되는 순간 공부에 대한 흥미를 급격히 잃는다.

단 한 번도 공부에 흥미를 느끼지 못한 사람이 어느 날 갑자기 공부에 재미를 느끼기란 사실상 불가능하다. 업무와 집안일에 쫓기는 엄마들은 더욱 그렇다. 괜히 시간만 낭비하는 것 같고 차라리 그 시간에 아이들과 놀아주거나 집안일에 신경을 쓰는 게 더 가치 있는 일이 아닌가 고민하게 된다. 고기도 먹어본 놈이 맛을 안다고 꾸준히 자기계발을 해온 사람이 아닌 이상, 공부를 시작하는 게 쉽지 않다. 무엇을 어떻게 시작해야 할지 막막해 지레 겁을 먹고 포기하게 된다.

지금까지 내 경험을 비춰보면 세상에 쓸데없는 공부는 없다. 공부는 저축이다. 지치지 않고 포기하지 않으면 언젠가 생각지도 못한 결과로 큰 복리 이자를 안겨준다. 공부는 씨앗이다. 씨앗이 싹트기 전에는 도대체 어떤 열매를 맺게 될지 모르지만 일단 발아가 시작되면 하루가 다르게 성장해 가지가 흐드러지도록 풍성한 열매를 맺게 해준다. 공부는 강력한 지원군이다. 언제 어디서든 나를 외면하지 않고 어려운 상황에서도 나를 지지하는 응원군이 된다. 그런데 우리는 이토록 중요한 공부를 '시간이 없다'는 핑계를 대며 외면한다.

시간이 아닌 의지의 문제다

시간은 이 세상 모든 이에게 공평하다. 젊은 사람이든 나이 든 사람이든, 돈이 많든 적든, 남자든 여자든 누구에게나 하루 24시간 365일이라는 시간이 주어진다. 그런데 핑계가 많은 사람일수록 '시간이 없다'는 이야기를 자주 한다. 이런 사람들에게 더 많은 시간을 주면 그들은 더 많은 핑계와 변명거리를 만들어온다. 나는 이런 사람들이 제시간에 일을 마무리하는 걸 한 번도 보지 못했다. 자신의 자리에서 묵묵히 맡은 일을 잘해내는 사람 입에서는 '시간이 없다'는 이야기를 들어본 적이 없다.

지금 이 순간에도 이런저런 이유로 중요한 일을 미루며 시간

평계를 대는 사람들이 있을 것이다. 이는 의지의 문제지 결코 시간의 문제가 아니다. 생각해보라. 정말 시간이 없어서 청소를 미루는 것일까? 정말 시간이 없어서 운동을 미루는 것일까? 정말 시간이 없어서 공부를 못 하는 것일까?

당신의 미래를 알고 싶다면
당신의 현재 행동을 들여다보라

평일 점심시간, 서울 시내 괜찮다는 브런치 카페는 언제나 만석이다. 샌드위치, 샐러드, 커피를 앞에 둔 엄마들 사이에서 수다꽃이 활짝 핀다. 아이들 공부와 학원, 성적으로 시작된 이야기는 어느새 다이어트, 여행, 쇼핑, 남편 자랑, 시댁에 대한 불평불만으로 뫼비우스의 띠처럼 끝없이 이어진다.

그런데 홈쇼핑을 보고 옆집 엄마들과 수다 떨 시간은 있어도 공부할 시간은 없다고 한다. 쇼핑과 마사지할 시간은 있어도 공부할 시간은 없다는 것이다. 이런 사람들은 아무리 많은 시간이 주어져도 절대 공부하지 않는다. 행여 시간이 생겨도 공부가 아닌 다른 일들로 대체하는 내공을 발휘한다. 학창 시절처럼 하루

3, 4시간 자면서 공부할 필요는 없지만 성인의 공부에도 분명 어느 정도의 희생은 필요하다.

최고의 다이어트 방법은 적게 먹고 운동하는 것이다. 건강을 위해서는 매일 규칙적인 운동이 필수다. 금연을 위해서는 지금 당장 담배를 끊어야 한다. 이처럼 우리는 방법을 몰라서 안 하는 게 아니라 단지 귀찮고 시간이 없다는 이유로 포기하는 일들이 너무 많다. 공부 역시 마찬가지다.

'당신의 과거를 알고 싶다면 당신의 현재 상황을 들여다보고, 당신의 미래를 알고 싶다면 당신의 현재 행동을 들여다보라'는 말이 있다. 놀 거 다 놀고 쉴 거 다 쉬면서 시간이 없다는 자기 합리화로 공부를 포기해서는 안 된다. 공부는 시간이 나서 하는 행위가 아니라 시간을 내서 하는 것임을 명심하자.

아무것도 하지 않으면
아무 일도 일어나지 않는다

앞으로 20년 후에는 당신이 저지른 일보다
당신이 저지르지 않은 일에 더 실망하게 될 것이다.

마크 트웨인

전업주부가 공부할 시간을 만들기 위해 가장 먼저 해야 할 일이 있다. 바로 엄마들의 커뮤니티와 거리를 두는 것이다. 옆집 엄마와 점심을 먹고 수다 떠는 시간만 줄여도 얼마든지 공부할 시간을 확보할 수 있다. 나 역시 아이들이 어린 시절 엄마들의 모임에 줄기차게 참석했다. 하지만 얼마 지나지 않아 그것이 얼마나 무의미한 일인지 깨달았다.

요즘 엄마들은 브런치 카페에서 주로 모이지만 약 20년 전에는 △△아파트 ○○동 ㅁㅁ호로 모였다. 아이를 학교에 보내고 나면 각 집에 전화벨이 울리는 식이다.

"103동 201호 영희네 집으로 와. 거기 다 모여 있어."

비슷한 또래 아이를 둔 엄마들은 공통된 걱정과 고민으로 쉽게 친해졌다. 처음의 서먹함도 잠시, 어느새 언니 동생이 되어 매일 아침 ○○동 ㅁㅁ호에서 모이는 일과가 시작됐다. 비가 오는 날, 따뜻한 부침개와 멸치국수를 먹으며 떠는 수다는 그 어떤 개그 프로보다 재미있고 로맨스 영화보다 달콤했다. 문제는 에너지였다. 아이들 이야기, 남편 이야기, 시댁 이야기, 어제 본 드라마 이야기까지 몇 시간 동안 폭풍 수다를 떨고 나면 그야말로 에너지가 바닥났다.

왕따가 되는 것을 두려워 마라

이런 상황에서 학교를 마친 아이들이 집으로 돌아왔다. 아침 설거지도 그대로고 집 안 청소도 안 했는데 아이들 간식과 저녁을 준비해야 했다. 서둘러 밀린 집안일을 하고 있으면 '도대체 내 인생은 뭔가' '내가 살림하기 위해 사는 여자인가?'라는 우울감이 밀려왔다. '옆집 아이는 뭐든지 알아서 잘한다는데 도대체 우리 아이는 뭐가 문제지?'라는 생각도 들었다. 그러던 어느 날 문득 해맑은 표정으로 간식을 먹고 있는 아이가 한심하고 꼴 보기 싫게 느껴졌다. 순간 정신이 번쩍 들었다. 옆집 아이는 옆집 아이고 내 아이는 내 아이였다. 굳이 서로 다른 두 아이를 비교하며 나 자신을 괴롭힐 이유가 무엇인가? 결국 나는 더 이상 엄마들의 모임에 참석하지 않기로 했다. 내게 전혀 도움이 안 되는 시간이라고 결론 내린 것이다.

매일 얼굴을 보던 사람들의 연락을 거절하는 게 쉬운 일은 아니었다. 하지만 몇 번 모임을 거절하자 자연스럽게 연락이 오지 않았다. 얼마나 지났을까? 어느 순간 나는 엄마들 사이에서 소위 말하는 왕따가 돼 있었다. 엄마들 세계에서 왕따가 된 대가는 너무도 달콤했다. 나는 매일 오전 아이를 등교시킨 후 3, 4시간 동안 도서관, 서점, 문화센터 강좌, 미술관 등에 다녔다. 쓸데없는 수다로 에너지를 낭비하지 않고 오롯이 나 자신에게 집중하는 시간을 얻었다. 관계에서 자유로워진 순간, ○○동 ㅁㅁ호에서 빠져나온 순간, 내 앞에는 더 크고 넓은 세상이 펼쳐졌다. 비로소 내가 서 있던 그 자리에서 행복을 찾을 수 있었다.

엄마의 커뮤니티와 아이의 커뮤니티는 다르다

"엄마들 모임에 가야 공부에 대한 정보를 얻을 수 있잖아요?"

엄마들의 커뮤니티와 거리를 두라고 이야기하면 이렇게 반문하는 사람이 많다. 커뮤니티에 소속돼 있어야 내 아이에게 친구를 만들어줄 수 있고, 공부에 도움이 되는 정보도 얻을 수 있다고 생각한다. 이런 이야기를 가만히 듣고 있으면 아이보다 정작 엄마 자신이 소외되는 것에 대한 두려움을 느끼는 듯하다.

미안하지만 그 생각은 틀렸다. 불안한 엄마들의 착각일 뿐이다. 엄마의 커뮤니티와 아이의 커뮤니티는 다르다. 엄마들이 친해지면 아이들도 친해질 것 같지만, 이는 유치원생이나 초등 저학년까지만 가능한 이야기다. 아이가 초등 고학년이 되면 자기친구는 스스로 선택한다. 쉽게 엄마의 뜻을 따르지 않는다.

교육 정보는 또 어떠한가? 물론 커뮤니티에서 많은 정보가 오가는 건 사실이다. 그런데 그 정보라는 게 편협한 경우가 많다. 무리 중 공부 잘하는 아이를 둔 엄마의 말에 휘둘리기 때문에 매우 주관적인 정보일 수밖에 없다. 자신의 아이가 성적이 오르면 좋은 학원이고 그렇지 않으면 나쁜 학원이 되는 식이다. 진짜 고급 정보는 꼭꼭 숨기고 쓸데없는 정보만 알려주는 사람도 많다.

그럼에도 많은 사람이 이러한 정보에 휘둘리는 이유는 두 가지다. 첫째, 검증된 정보라고 생각하기 때문이다. 누군가 이미 성공한 경험이 있기에 안전한 정보라고 착각하는 것이다. 둘째, 편하기 때문이다. 사실 날마다 바뀌는 교육 제도와 하루가 다르게 늘어가는 학원 광고를 보고 있으면 헉 소리가 절로 나온다. 내 아이를 제대로 교육하기 위해서는 이 많은 정보 중 옥석을 가려내는 힘이 필요한데, 이게 여간 피곤한 일이 아니다.

　다시 말하지만 내 아이와 옆집 아이는 다르다. 옆집에서 성공한 교육법이 내 아이에게 맞으리라는 보장은 없다. 귀찮고 힘들더라도 직접 발로 뛰어 알아보려는 노력이 필요하다.

전업주부도 퇴근이 필요하다

인간은 사회적인 동물이기에 혼자 살 수 없다. 그러나 더 건강하고 더 나은 생활을 위해서는 혼자 있는 시간이 반드시 필요하다. 하지만 가정과 회사에 얽매여 있는 여성들에게는 이런 시간조차 쉽게 허락되지 않는다. 상담실에서 만난 한 30대 여성은 '화장실에 앉아 있는 시간 외에 혼자 있는 시간이 없다'라며 관계에서 오는 지독한 피로감을 호소했다. 나 역시 요즘 혼자 있는 시간이 너무도 절실했던 터라 그녀의 이야기에 깊은 공감을 할 수밖에 없었다.

결혼한 여성이 자신만의 시간을 갖는 것은 매우 어려운 일이다. 일터와 쉼터가 구분되지 않는 집 안에서는 더욱 그렇다. 의도적으로 자기만의 시간을 만들지 않으면 1분 1초도 내 마음대로 사용할 수 없다.

전업주부로 생활했을 당시 끝도 없는 집안일에 큰 피로감을 느꼈다. 회사에 다녀도 매일 6시면 퇴근을 하는데 집안일에는 왜 퇴근이 없는지 의구심이 들었다. 아무도 나를 퇴근시켜주지 않으니 나 스스로 퇴근 시간을 만들어야겠다고 생각했다. 결국 매일 밤 10시, 나는 퇴근하기로 결심했다.

"아빠는 회사에 출근하면 퇴근 시간이 있지? 엄마도 퇴근이 필요해. 엄마의 퇴근 시간은 밤 10시야. 10시 이후에는 엄마만의 시간이니까 그 시간을 방해하면 안 돼."

그렇게 아이들과 남편에게 공표한 후 매일 밤 식탁 한구석에 앉아 책을 읽었다. 매일 밤 10시부터 잠자리에 드는 12시까지는 오롯이 나에게 집중하는 시간이자 내일의 에너지를 충전하는 힐링 타임으로 삼았다. 온종일 아이들과 씨름하고, 집안일에 지쳐 있던 내게 이 시간은 신데렐라가 무도회장에 가듯 다른 세상으로 통하는 시간이었다. 하루를 정리하고, 좋아하는 음악을 듣고, 책을 읽고, 블로그 작업을 하다 보면 그날의 스트레스가 다 풀렸다. 가족과 함께하는 시간도 행복했지만 온전히 혼자만의 시간을 갖는 것은 또 다른 행복이었다.

그런데 본격적으로 일을 시작하자 상황이 급변했다. 수없이 이어지는 상담과 강연으로 혼자 있는 시간은커녕 무언가를 깊이 생각할 시간조차 확보하기 힘들었다. 교육 컨설턴트라는 직업의 특성상, 누군가와의 만남으로 하루를 시작해 또 다른 누군가와의 만남으로 하루를 마감하는 일이 잦다. 간혹 혼자 있더라도 강의와 상담 준비로 나 자신에게 집중할 수 있는 시간이 거의 없다. 어느 순간 '나는 지금 어디로 가고 있나' '무엇을 위해 이렇게 정신없이 사나'라는 회의가 밀려왔다. 혼자만의 시간이 너무도 필요했다.

자기 점검을 습관화하라

결국 매일 밤 침대에 누워 잠들기 전 시간을 '자기 점검의 시간'

'나를 되돌아보는 시간'으로 정했다. 나는 요즘 모두가 잠든 밤 침대에 누워 하루 일과를 돌아본다. '아침 강연에서 한 이야기 중 잘못된 것은 없었나?' '진심을 담아 정직하게 이야기했나?' '혹 과장되거나 정확하지 않은 정보를 전달하진 않았나?' '내담 자의 입장을 충분히 고려한 상담이었나?' '누군가 나의 말에 상 처를 받지 않았나?' 등 그날 하루 있었던 일, 내가 했던 말, 만났 던 사람들에 대해 차분히 생각한다. 그리고 시간이 없어서 미뤄 두었던 책을 읽거나 상담과 강연 내용을 머릿속으로 정리한다. 자기 점검이 습관이 되면 일에 관련된 부분뿐 아니라, 평상시 모든 행동에 대해서도 스스로 돌아보게 된다.

우리가 그릇된 선택을 하고 잘못된 길로 들어서는 것은 대부 분 지나친 욕심 때문이다. 쉽고 빠른 길로 가려는 과욕이 판단 력을 흐린다. 흐려진 판단력을 되돌리기 위해서는 돌아보고 반 성하며 나 자신과 끊임없는 대화를 주고받아야 한다. 학문적 공 부와 더불어 나 자신에 대한 공부도 게을리하지 말아야 한다.

아무것도 하지 않으면 아무 일도 일어나지 않는다. 기억하라. 무언가 다른 결과를 원한다면 무언가 다른 일을 해야 한다는 사 실을.

나만의 공부 스타일을
찾는 방법

현재 당신의 모습은 당신이 반복적으로 행하는 행위의 축적물이다.
탁월함은 하나의 사건이 아니라 습성인 셈이다.
― 아리스토텔레스

어차피 평생 할 공부라면 오래됐지만 내 발에 꼭 맞는 신발처럼 자신의 스타일에 맞게 공부해야 한다. 누군가의 성공법을 무작정 따라 할 것이 아니라 내게 맞는 공부법을 찾아야 한다. 그래야 지치지 않고 공부라는 마라톤을 완주할 수 있다. 업무와 집안일 그리고 육아를 병행하는 엄마들은 더욱 그렇다.

아이들을 모두 학교에 보낸 뒤 조용한 집 안에서 집중해야 하는 사람이 있는 반면, 너무 조용하면 오히려 몰입이 안 된다며 카페를 찾는 사람이 있다. 오가는 대중교통 속에서 책을 잘 읽는 사람이 있는가 하면 밤 10시 이후 집중이 잘 된다는 사람이 있다. 유독 암기에 뛰어난 사람이 있는가 하면 암기력은 약하지만 독해력이 뛰어난 사람이 있고, 독해력은 약하지만 정보를 체계화하는 데 탁월한 재능을 보이는 사람이 있다.

이처럼 생김새만큼이나 다양한 게 사람의 기질과 성향이다. 사람의 성향을 한마디로 정의할 수는 없으나 여기에서는 크게 네 가지 스타일로 구분해보려 한다. 활동형, 탐구형, 규칙형, 산만형이 바로 그것이다.

하루 20분 자투리 시간의 힘

활동형인 사람은 에너지가 충만하고 몸을 움직이는 것을 좋아한다. 경쟁의식과 승부욕도 뛰어나서 일련의 목표를 두고 공부하는 게 좋다. 다만 집중력이 약해 오랜 시간 책상에 앉아 있지 못하므로 자투리 시간을 활용해 짧고 굵게 공부하는 게 바람직하다.

독일의 심리학자 헤르만 에빙하우스는 인간의 기억력에는 명확한 한계가 있다고 말한다. 그의 연구 결과에 따르면 우리가 아무리 집중해서 공부하더라도 학습이 끝난 20분 후에는 약 58퍼센트, 1시간 후에는 약 44퍼센트, 9시간 후에는 약 36퍼센트, 6일 후에는 약 25퍼센트, 1개월 후에는 약 21퍼센트 밖에 기억하지 못하는 것으로 나타났다. 따라서 장시간 오래 공부하는 것보다 짧은 시간 여러 번 반복해서 각인할수록 오래 기억에 남는다고 한다.

실제로 내가 아는 어떤 워킹맘은 출퇴근 버스나 지하철 안, 점심 먹고 커피 한 잔 마시는 시간, 집에 돌아와 설거지하고 화장 지우는 자투리 시간을 이용해 무작정 영어 단어를 외우기 시작했다. 5분, 10분이라는 짧은 시간 동안 할 수 있는 공부가 무엇일까 고민한 결과 단어 암기가 가장 적합하다는 결론을 내렸기 때문이다. 그렇게 5년이 지났을 무렵 그녀는 영어와 중국어를 마스터했고 현재는 일어를 공부 중이다. 버려지는 자투리 시간을 활용해 꾸준히 반복 학습을 한 결과 무려 3개 국어를 구사하게 된 것이다.

하루 20분만 투자해도 1년이면 7,300분이 된다. 121시간을 거저 얻는 셈이다. 티끌처럼 흩어지는 시간을 모아야 한다. 자신이 활동형이라면 오늘 내게 버려지고 의미 없이 흘러간 시간은 얼마나 되는지, 과연 그중 몇 분을 공부에 할애할 수 있는지 생각해보자. 짧은 시간이라도 이를 제대로 활용하는 사람과 그렇지 않은 사람의 3년 후, 5년 후가 같을 수는 없다.

운명을 바꾸는 작은 습관

탐구형인 사람은 홀로 자신만의 세계에 빠져 있는 경우가 많다. 문제를 해결하는 것을 좋아하고 지적 호기심이 왕성한 스타일이다. 이런 사람에게 단순 암기나 문제 풀이는 쥐약이다. 호불호가 정확하므로 자신이 좋아하는 분야의 공부를 꾸준히 밀고 나가야 한다.

규칙형인 사람은 학습 그 자체에 열중한 나머지 목표를 잃기 쉽다. 입시를 치르는 것도 아닌데 맹목적으로 공부에 빠져드는 케이스다. 이런 스타일의 사람은 공부가 목적이 아닌 수단임을 명심해야 한다.

마지막으로 산만형인 사람은 '무엇을 공부할 것인가?'를 고민하기보다는 '어떻게 공부 습관을 들일 것인가?'를 먼저 생각해야 한다. 자신의 수준에 맞지 않는 거창한 목표보다 '오전 30분,

오후 30분 인터넷 강의 듣기' 또는 '매일 아침 신문 완독하기'
'일주일에 책 한 권 읽기' 등 구체적으로 실행할 수 있는 계획을
세워야 한다. 하루, 일주일, 한 달 단위의 공부 계획을 세워 이를
꾸준히 실행하는 것이 좋다. 공부 습관을 들여야 공부 목표도
세울 수 있다.

느려도 괜찮다, 그러니 멈추지 마라

언젠가 읽은 동화가 생각난다. 세찬 바람이 불던 어느 날 작은
달팽이 한 마리가 체리나무 정상을 향해 기어오르기 시작했다.
느릿느릿 움직이는 달팽이를 한심한 눈으로 바라보던 새 한 마
리가 이렇게 말했다.

"한심한 바보 같은 놈. 도대체 네가 어디로 가는지는 알고 있
는 거야?"

달팽이는 별다른 대꾸 없이 고개를 끄덕이고는 다시 열심히
정상을 향해 발걸음을 옮겼다.

"그 느린 걸음으로 언제 저 꼭대기에 올라가겠니? 그리고 지
금 나무에 올라가 봤자 체리도 없어. 아직 체리가 열릴 시기가

아니라고."

그제야 달팽이가 새를 보며 대답했다.

"내가 저 꼭대기에 올라갈 즈음에는 분명 체리가 열릴 거야."

우리가 공부라는 목적지에 도착하기까지 수많은 어려움이 있을 게 분명하다. 변화는 분명 우리에게 두려움으로 다가온다. 하지만 달팽이처럼 나 자신을 믿고 한 걸음씩 나아간다면 다소 느리더라도 최종 목적지에 다다르는 날이 온다.

느려도 괜찮다. 그러니 멈추지 마라. 그리고 나 자신에게 물어보라. 나는 지금 무엇을 변화시킬 준비가 돼 있느냐고.

무엇을
공부할 것인가?

또 다른 지금은 없는 법이니 오늘을 최대한 활용하라.
또 다른 나는 없는 법이니 최대한 나 자신을 이용하라.
로버트 슐러

흔히 공부에는 때가 있다고 말한다. 상담을 하면서 학생과 학부모에게 내가 가장 많이 하는 말이기도 하다. 특목고를 가기 위해서는 초등 고학년부터 준비해야 하고 명문대를 가기 위해서는 중학교 때부터 노력해야 한다. 이때를 놓치면 1년을 또 기다려야 한다. 그래서 학생들에게 공부의 때는 참 중요하다.

그런데 이 말이 종종 우리의 발목을 잡는다. 엄마들에게 공부를 권하면 "아휴, 방금 공부도 때가 있다고 말씀하셨잖아요. 저는 이미 때가 지났어요. 저희 아이나 잘 부탁해요"라고 말한다. 성인에게 '공부의 때'는 시기가 아니라 '마음가짐' 또는 '의지'를 의미한다. 공부에 대한 관심이 생기는 그 순간이 바로 공부의 때다.

즐거움이 가장 큰 동기다

입시나 자격증 취득, 취업이라는 목적이 없는 막연한 상황에서 공부를 시작하기란 말처럼 쉽지 않다. 따라서 어른의 공부는 무엇을, 어떻게 시작할 것인지부터 생각해야 한다. 공부는 하고 싶지만 막상 무엇을 시작해야 할지 모르겠다면 평소 관심 있던 분야부터 접근해보는 게 좋다. 공부에 흥미가 없는 사람이라면 더더욱 그렇다.

아이들이 컴퓨터 게임을 하면서 밤을 새워도 피곤한 줄 모르는 이유는 재미있기 때문이다. 즐거운 놀이이기 때문에 날밤을 새워도 시간 가는 줄 모른다. 하지만 공부는 다르다. 학생이라는 이름을 가진 아이들에게 공부는 직업이다. 학습은 일이다. 피곤하고 재미없고 하기 싫은 게 당연하다. 공부도 재미있어야 한다. 특히 엄마들의 공부는 즐거워야 한다. 가사와 직장, 육아와 집안일로 가뜩이나 신경 쓸 게 태산인데 공부마저 재미없으면 무슨 힘으로 버티겠는가?

우리는 입학이나 입사를 목적으로 공부하는 게 아니다. 굳이 좋아하지도 않는 것을 억지로 하면서 스트레스를 받을 필요가 없다. 적어도 공부의 즐거움을 깨닫기 전까지는 말이다. 따라서 평소 글쓰기에 관심 있는 사람이라면 작문법을, 요리에 관심 있는 사람이라면 조리를, 인터넷에 관심 있는 사람이라면 포토샵이나 코딩에 관심을 가져보자. 관심이 있어야 흥미가 생기고 흥미가 생겨야 몰입이 된다.

내게 딱 맞는 공부거리를 찾는 법

공부에 대한 관심과 흥미, 재미와 몰입을 찾기 위해서는 가장 먼저 '내가 무엇을 재미있어하는가?'를 생각해볼 필요가 있다. 아인슈타인은 '어떤 분야에서든 성공하고 싶다면 일을 놀이처럼 하고 놀이를 일처럼 하라'고 말했다. 나 역시 이 말에 적극적으로 동감한다.

일례로 나는 단순 작업과 반복되는 일을 싫어한다. 누가 시키지 않았는데도 스스로 매 강연마다 자료와 멘트를 바꿀 정도다. 내가 흥이 나야 청중도 힘 있게 끌고 나갈 수 있는 법이다. 내가 앵무새도 아니고 녹음기처럼 같은 말을 반복하면 무슨 흥이 나겠는가?

나는 학창 시절부터 바느질에는 소질이 없었다. 영어 단어 암기보다 어려운 게 홈질, 감침질, 휘갑치기 등 바느질 종류를 외는 것이었고 수학 시간보다 지겨운 게 가사 시간이었다. 재미가 없으니 선생님 이야기가 귀에 들어올 리 만무했고 흥미가 없으니 무언가를 더 배우고 싶다는 생각이 들지 않았다. 이런 내가 홈패션을 배웠다면 3일도 못 가 포기했을 것이다. 이와 비슷한 경험은 또 있다.

10년 전쯤, 일본식 돈가스 전문점을 차렸다. 식당을 하리라 마음먹은 후 메뉴를 선정하고 전국의 이름난 돈가스 집은 다 돌아다녔다. 음식 만드는 법을 배우고 비법을 전수받는 시간이 재미있게 느껴졌다. 가게 자리를 선정하고 인테리어를 하는 그 순간까지도 장사를 잘할 수 있으리라 생각했다. 배울 것도 많았고 신경 쓸 일이 넘쳐서 '장사라는 게 참 다이내믹한 일'이라고 느꼈다.

그런데 이게 웬걸. 막상 일을 시작하니 주방에 주문을 넣고 음식을 서빙하고 계산 후 테이블을 치우는 일상이 반복됐다. 매일 보는 그 사람이 그 사람이고 가게에 얽매여 한 시간도 내 마음대로 사용하기가 어려웠다. 단골이 생기고 매출이 올라도 도무지 흥이 나지 않았다. 이왕 시작한 일 최선을 다하고 싶었으나 지겹게 느껴지는 일이 잘될 리 없었다. 몸과 마음이 지칠 대로 지친 상태에서 심각한 디스크까지 걸려, 결국 일 년 만에 폐업하고 말았다. 당시 경험으로 내가 어떤 사람인지, 무엇을 좋아하고 무엇을 싫어하는지를 다시 한 번 깨달았다. 돈과 건강을 한꺼번에 잃었으니 참으로 값비싼 교훈을 얻은 셈이다. 반대의 경험도 있다.

나는 어린 시절부터 글쓰기에 관심이 많았다. 서른이 넘도록 배워 본 적 없지만 언제나 마음 한구석에는 글쓰기에 대한 열망이 있었다. 결국 아이들이 초등학교에 입학한 후 여가 시간을 활용해 글쓰기 강좌를 수강했다. 그 과정이 어찌나 재미있던지 수업이 끝나는 게 아까울 정도였다. 집에 돌아와서도 과제를 작성하느라 시간 가는 줄 몰랐다. 꼭 하고 싶은 것, 배우고 싶은 것을 공부하면 나 스스로도 놀랄 정도의 집중력이 발휘된다는 사실을 다시금 깨달았다.

날마다 새로운 무언가를 알아가는 기쁨

누군가를 좋아하면 상대에 대해 더 많이 알고 싶은 게 인지상정이다. 공부도 마찬가지다. 홈베이킹에 관심 있는 여성들을 보면 과자나 빵을 사더라도 뒷면의 제품 정보부터 살핀다. 교육에 관심 있는 여성들은 새로운 지역에 가면 유명 학원부터 찾는다. 문화, 예술에 관심 있는 여성들은 해외여행을 가서도 박물관을 찾고 패션에 관심 있는 여성들은 명품 거리를 찾는다. 관심이 있어야만 궁금증도 생기는 것이다.

사전 정보가 하나도 없는 상태에서 그림을 보는 것과 작가의 명성, 작가의 일생, 작품의 배경 등을 알고 보는 그림은 그 느낌부터 다르다. 일련의 대상에 호기심을 가지고 제대로 이해하면 눈에 보이지 않던 새로운 것들이 들어오기 시작한다. 이전에 모르던 것들이 보이면 흥미롭고 재미있을 수밖에 없다. 영어 단어를 아는 것과 숙어를 아는 것 그리고 문장을 아는 것은 이해의 깊이가 다르다. 그것이 바로 공부의 힘이다.

단조롭고 정체된 삶에 날마다 새로운 무언가를 알아가는 기쁨이야말로 인생의 활력소이자 동기부여의 열쇠다. 삶이 허무하거나 지루할 틈이 없다. 큰돈이 드는 것도 아니고 많은 시간을 뺏기는 일도 아니다. 멀리 나가야 하는 것도 아니고 장비가 필요하지도 않다. 그저 나의 마음, 하고자 하는 의지만 있다면 지금 이 순간 당신이 앉아 있는 그 자리에서 바로 시작할 수 있다. 참으로 매력적인 일이 아닐 수 없다.

자기 이해 체크리스트

공부를 이제 막 시작하려는 사람들은 가장 먼저 자신이 무엇을 배우고 싶은지 찾아야 한다. 너무 막연하다면 글쓰기, 영어, 중국어, 베이킹, 포토샵, 코딩, 요리 등 지금 머릿속에 떠오르는 단어를 그대로 적어 내려간 후 하나하나 지워나가라. 그렇게 남은 몇 개의 단어로 우선순위를 만드는 것도 좋다. 그럼에도 여전히 막막하다면 다음의 '자기 이해 체크리스트'를 활용해보자.

자기 이해 체크리스트

1. 나의 성격을 세 가지 단어로 표현해보라.
2. 나의 장점 세 가지는 무엇인가?
3. 나의 단점 세 가지는 무엇인가?

4. 내가 좋아하는 활동 세 가지는 무엇인가?

5. 내가 싫어하는 활동 세 가지는 무엇인가?

6. 내가 잘하는 세 가지는 무엇인가?

7. 내가 못하는 세 가지는 무엇인가?

8. 내가 좋아하는 과목 세 가지는 무엇인가?

9. 내가 배우고 싶은 세 가지는 무엇인가?

10. 내가 관심 있는 직업 세 가지는 무엇인가?

항목이 많으면 많을수록 더욱 디테일하게 자기 생각을 읽을 수 있다. 필요하다면 더 많은 질문을 만들어내도 된다. 스스로 질문하고 대답하는 과정을 따라가다 보면 미처 몰랐던 내 욕망과 욕구를 들여다볼 수 있다. 나아가 자신의 기질과 성향에 맞는 공부 스타일도 찾을 수 있을 것이다.

배워서 버릴 건
하나도 없다

나는 항상 배움의 자세를 견지함으로써 강점을 유지했다.
배워야 할 새로운 것은 항상 있기 마련이다.
— 새커 조이너 커시

"이미애 씨는 운이 좋은 것 같아요. 오랫동안 전업주부를 하셨는데 뒤늦게 직업을 찾고, 다들 은퇴할 나이에 왕성한 활동을 하시는 것을 보면 참 부럽네요."

종종 내게 이와 같은 이야기를 하는 사람이 있다. 맞는 말이다. 내가 생각해도 나는 운이 좋은 사람이다. 그렇지 않았다면 쉰이 넘은 나이에 인생의 전성기를 맞이할 수 없었을 터다. 그런데 말이다. 운이라는 것도 뿌려 놓은 씨앗이 있는 사람에게만 주어진다. 세월아 네월아 손 놓고 앉아 미래를 준비하지 않는 사람에게는 결코 기회도 행운도 오지 않는다. 아니 기회가 와도 알아보지 못하고, 설령 알아보더라도 잡는 방법을 모른다.

곡식은 주인의 신발 소리를 듣고 자란다

농사짓는 사람의 삶을 떠올려보라. 농한기인 겨우내 농부들은 쉬지 않고 내년 농사를 준비한다. 2, 3월의 추위와 궂은 날씨에 굴하지 않고 파종을 준비한다. 그 시기를 놓치면 가을 수확 자체가 불가능하다는 사실을 잘 알기 때문이다. 오죽하면 '곡식은 주인의 신발 소리를 듣고 자란다'는 말이 있겠는가.

인생도 마찬가지다. 아무런 노력 없이 얻어지는 결과물은 없다. 하다못해 감나무 밑에 누워 떨어지는 감을 받아먹으려면, 감이 떨어지는 위치를 찾아 누워야 하고 감이 떨어지는 타이밍을 포착해 입을 벌려야 한다. 아무 곳에나 누워 있는데 감이 입 안으로 떨어질 리 만무하다.

누군가에게는 현재 나의 자리가 그저 운이 좋아 차지한 것처럼 보이겠지만, 나 역시 10년 이상 돈과 시간을 들여 관련 분야에 대한 공부를 게을리하지 않았다. 아이들을 학교에 보낸 후 글쓰기와 사진 수업을 들었고, 학습 코칭과 상담 심리학을 따로 공부했다. 관련 도서도 쉬지 않고 읽었다. 그중에서도 가장 기억에 남는 게 바로 노래교실이다. 다소 의아하게 들리겠지만 두려움 없이 대중을 상대하는 힘을 노래교실에서 배웠기 때문이다.

내가 강사로 알아야 할 모든 것은
노래교실에서 배웠다

큰아이가 고3이 되었을 무렵, 대부분의 엄마가 그렇듯 나 역시 수험생 엄마들이 받는 스트레스를 고스란히 겪고 있었다. 입시의 무게를 혼자 견뎌야 하는 아이도 힘들지만 이를 뒤에서 받쳐주는 학부모의 심적 고통 또한 상당하다. 당시 나는 스트레스를 풀 수 있는 탈출구를 찾아야만 했다. 그렇지 않으면 아이보다 내가 먼저 폭발할 것 같았다.

비슷한 처지에 있는 엄마 중 몇몇은 스트레스 해소 및 마음 수련을 위해 교회나 성당, 절 등 종교시설을 찾기도 했다. 함께 교회에 가자는 지인이 있었지만 나는 종교시설 대신 노래교실을 선택했다. 좋아하는 노래를 실컷 부르면 흥도 돋고 자연히 스트레스도 풀릴 것으로 생각했다. 주변에서는 고3 엄마가 노래교실이나 다닌다며 팔자 좋은 여자라고 수근거렸다. 하지만 나는 하고 싶은 일은 반드시 해봐야 하는 스타일이기에 남의 시선은 개의치 않았다.

역시나 노래교실 수업은 즐거웠다. 매주 금요일 오전 수업이 있었는데 목요일 저녁부터 설렘을 느낄 정도로 나는 그 시간을 좋아했다. 함께 수업을 듣는 학생들의 평균 연령은 70대, 마흔이 넘은 내가 막내라는 사실도 신선했다. 그렇게 얼마나 지났을까? 선생님이 지난 수업 때 배운 노래를 무대에 나 혼자 서서 불러보라고 했다.

아무런 준비 없이 수많은 사람들 앞에서 노래를 부르려니 눈앞이 깜깜했다. 마이크를 잡은 손이 벌벌 떨리는 게 내 눈에도 보일 정도였다. 반주도, 사람들의 박수 소리도 들리지 않을 만큼 긴장된 상태에서 노래를 불렀다. 그날 수업이 끝난 후 나는 곧바로 노래방으로 향했다. 다음 수업 시간 조금 더 잘하기 위해 그날 배운 노래를 부르고 또 불렀다. 이후 나는 마치 노래교실의 조교처럼 매주 배운 노래를 무대에서 부르게 되었다.

그러던 어느 날 의자에 앉아 있는 사람들의 얼굴이 하나하나 눈에 들어오기 시작한다는 사실을 깨달았다. 사람들 앞에 서 있는 시간을 나 자신이 즐기고 있음이 느껴졌다. 노래만 후다닥 부르고 자리에 앉던 내가 어르신들에게 농담도 건네며 분위기를 주도하기 시작했다. 침체된 분위기를 활기차게 만드는 법, 소극적인 사람을 적극적으로 수업에 참여시키는 법, 호응과 박수를 유도하는 법, 말의 간격, 어미 처리, 시선 처리, 호흡, 자세 등 강사가 갖춰야 할 기본 조건들을 그곳에서 깨우쳤다. 노래교실은 그렇게 내게 뱃심을 심어줬다. 1,000명이 넘는 청중 앞에서 마이크를 쥐어도 떨리지 않는 배포를 노래교실이 만들어준 것이다.

쓸모없는 배움은 없다

교육 컨설턴트가 된 후 처음으로 유료 강의를 하게 됐을 때의 긴장감을 나는 지금도 잊지 못한다. 모 증권 회사에서 VIP 고객을 대상으로 실시한 강연이었는데 '샤론코치 이미애'라는 이름을 내거는 것은 물론 일정한 대가를 받는 강연이라 긴장감과 압

박감이 상상을 초월했다. 나름대로 준비를 많이 했지만 강연을 시작하고 대략 5분 정도는 내가 무슨 말을 하고 있는지 모를 정도로 정신이 하나도 없었다.

하지만 그것도 잠시 어느새 나는 신내림을 받은 무속인처럼 강연장을 날아다니고 있었다. 그것은 아마도 노래교실을 통해 이미 수많은 무대 경험을 했기에 가능한 일이었을 것이다. 노래교실에서 익힌 배짱과 강단이 어떤 무대, 어떤 사람들 앞에서도 당당함을 잃지 않는 힘을 만들어준 것이다. 정말이지 세상에 쓸모없는 배움은 없다.

서른이 넘어 배운 사진과 글쓰기를 통해 나는 '이미애'라는 이름 석 자를 알릴 수 있었다. 학습 코칭과 상담 심리를 배운 덕에 교육 컨설턴트라는 직업을 가질 수 있었으며, 노래교실에서 배운 무대 매너를 통해 남보다 수월하게 교육 강사로 제2의 인생을 시작할 수 있었다.

뚜렷한 목적 없이 그저 좋아서 시작했던 공부였지만 어느 순간 씨실과 날실처럼 엮이면서 발전에 가속도가 붙었다. 12년이라는 시간을 전업주부로 지내던 40대 여성이 그 누구보다 단시간에 제2의 직업을 찾을 수 있었던 힘은 결국 배움에 있었다.

계속 배우고 공부하다 보면 상상하지 못했던 일이 현실로 이뤄진다. 그래서 나는 상담실이나 강연장에서 만난 여성들에게 '무조건 무엇이든 배워놓으라'고 이야기한다. 배워서 버릴 것은 단 하나도 없다.

공부에도 투자는 필요하다

세상에 공짜는 없다. 공부도 마찬가지다. 시간, 돈, 노력 이 세 가지를 투자해야만 제대로 된 공부를 할 수 있다. 그런데 많은 여성이 자신에게 돈 쓰는 것을 아까워한다. 미래를 위한 투자임에도 불구하고 '돈을 낭비한다'고 생각한다. 그래서 찾는 게 무료 강의다. 텔레비전 시청이나 스마트폰 게임으로 시간을 버리는 것보다 무료 강의라도 열심히 듣는 게 나을 테지만, 제대로 배우려면 그만한 대가를 지불하는 게 맞다.

우선 내 돈이 들어가면 배우는 태도부터 달라진다. 내 돈을 내고 등록한 학원도 이런저런 핑계로 빠지기 일쑤인데 무료로 듣는 강의야 말해 뭣하겠는가. 학원비를 지불하면 수강료가 아까워서라도 수업에 참여하려는 의지가 높아진다. 공부의 기본은 성실함이다. 꼬박꼬박 출석만 잘해도 얻어가는 게 많다.

강의의 질도 차이가 난다. 기업이나 단체의 후원으로 이뤄지는 강연이라면 무료라도 질 좋은 수업이 많다. 하지만 반대의 경우도 허다하다. 강사는 일정의 대가를 받고 자신이 알고 있는 정보를 대중에게 전달하는 일을 업으로 하는 사람이다. 당연히 무료보다는 유료 강연에 더 신경을 쓸 수밖에 없다. 강사의 태도가 달라지면 강연과 콘텐츠의 질도 차이가 난다. 그래서 제대로 배우려면 돈을 내고 배우라는 것이다.

일단 배우고 싶은 건 무엇이든 배워보자. 몰라서 손해 보는 경우는 있어도 알아서 손해 볼 건 없다. 이것저것 배우면 정말 내가 좋아하는 것과 아무리 노력해도 흥미가 생기지 않는 분야를 구분하게 된다. 공부의 가지치기가 되는 셈이다. 하다못해 노래교실에서의 경험이 내 강사 일에 큰 도움이 되었듯, 무엇이든 배워두면 언젠가 사용할 날이 온다.

다양한 강좌 적극적으로 활용하기

백화점과 대형 마트의 문화센터는 물론이고 도서관, 동사무소, 여성인력개발센터 등을 살펴보면 주부를 위한 다양한 강좌가

개설돼 있다. 가볍게 취미로 배울 수 있는 강좌부터 직업으로 연결될 수 있는 전문적인 강좌까지 원하는 대로 선택이 가능하다. 사이버대학교 강좌도 추천하고 싶다. 시간이 제한적인 직장인이나 현실적인 여건상 직접 강의실을 찾기 힘든 사람에게 큰 도움이 된다.

나 역시 사이버대학교에 편입해 상담 심리학을 전공했다. 교육 컨설턴트 일을 시작한 후 상담 심리에 대해 더 많은 관심이 생겼는데, 오프라인 수업을 듣기에는 물리적인 시간이 허락되지 않았다. 차선으로 선택한 게 바로 사이버대학교였다. 나는 이 수업을 통해 나의 경험과 생각, 지식과 이론을 정리하고 체계화하는 데 상당한 도움을 받았다.

다만 사이버 강의는 강제성이 없고 혼자 하는 공부이기 때문에 스스로 관리를 잘해야 한다. 텔레비전이나 음악을 틀어놓거나 주변에서 아이가 우는 환경이면 집중하기 쉽지 않다. 혼자 집중할 수 있는 시간을 정하고 규칙적으로 강의를 들을 수 있는 커리큘럼을 짜는 게 좋다. 이렇게 하루 한두 시간만 투자해도 일 년 후 당신은 엄청나게 달라져 있을 것이다.

기록하는 습관이
인생을 바꾼다

명확한 목석이 있는 사람은 가장 험난한 길에서조차 앞으로 나아간다.
아무런 목석이 없는 사람은 가장 순탄한 길에서조차 앞으로 나아가지 못한다.
—토머스 칼라일

과학자이자 철학자, 저술가로 활동하면서 미국 건국에 지대한 영향을 미친 인물 벤자민 프랭클린. 자기계발과 시간 관리의 대가로 불리는 그는 '프랭클린 다이어리'로 더 유명한 인물이다. 그런데 그의 젊은 시절은 자기계발의 대명사로 불리는 지금과 사뭇 달랐다고 한다. 선천적으로 충동적인 성향이 매우 강해 즉흥적이고 무계획적인 삶을 살았던 것이다.

그러나 무절제한 삶이 자신에게 도움이 되지 않는다는 사실을 깨달은 그는 절제, 침묵, 정돈, 결심, 검소, 근면, 진실, 정의, 중용, 청결, 평온, 금욕, 겸손이라는 13가지 금욕에 관한 덕목을 만들기에 이른다. 이를 수첩에 적고 날마다 실행한 결과 자기계발의 대명사가 된 것이다. 이처럼 기록을 남기는 사람과 그렇지 않은 사람은 큰 차이를 보인다.

꾸준히 기록을 남기는 사람은 생각부터 남다르다. 스쳐 지나는 사람이나 사물, 사건, 사고 등을 무심히 흘려보내는 일이 없다. 무언가를 쓰기 위해서는 쓸 '거리'가 있어야 하고, 거리를 만들기 위해서는 생각이 필요하다. '흘러가는 나'에서 '생각하는 나'로 바뀌는 것이다. "우리는 오늘 우리의 생각이 데려다놓은 자리에 존재한다. 우리는 내일 우리의 생각이 데려다놓을 자리에 존재할 것이다"라는 말처럼 생각은 전혀 다른 내일을 만드는 기반이 된다. 한마디로 기록은 생각을 남기고 생각은 새로운 가치를 만들어낸다.

'나'라는 브랜드를 알리는 가장 좋은 도구

상담실에서 만난 학부모에게 '기록은 아이뿐 아니라 학부모에게도 매우 중요하다'고 이야기하면 적지 않은 사람이 고개를 갸우뚱한다. 지금까지 글을 쓰지 않아도 별문제 없이 살아왔다고 이야기한다.

하지만 이는 사실이 아니다. 우리는 인생의 가장 중요한 순간마다 '글쓰기 능력'을 요구받고 검증받아왔다. 일례로 요즘 특목고나 명문대 수시모집에 합격하기 위해서는 자기소개서를 내야 한다. 대학교에 입학하려면 논술을, 대학에 진학한 후에는 학점을 받기 위해 리포트를 써야 한다. 회사에 취직하기 위해서는 자기소개서를, 입사 후에는 보고서와 기획서로 쉽 없이 글을 써왔다.

문자, SNS, 블로그, 메일, 하다못해 포털 사이트 기사에 남기는 댓글도 글쓰기다. 그런데도 정작 본인은 자신이 글을 쓰고 있다는 사실조차 인지하지 못한다. 상황이 이렇다 보니 어린아이부터 중장년층에 이르기까지 언어 파괴 현상이 나날이 심각해지고 있다. 어린 시절부터 단어나 문장을 소리 나는 대로 적거나 줄임말, 신조어를 주로 사용하면 맞춤법은 물론 어휘력에도 문제가 생긴다. 장례를 치르는 친구에게 '삼가 고인의 명복을 빕니다'가 아니라 '삶과 고인의 명복을 빕니다'라고 문자를 보내는 사람이 있는 판국이다.

글쓰기만큼 개인의 생각과 개성을 확연하게 보여주는 행위도 없다. 아무리 짧은 단문이라도 글에는 그 사람의 지식과 지혜, 인성과 성격, 그리고 생각의 깊이가 보이기 마련이다. 그래서 바른 언어 습관은 중요하다. 바른 언어 습관과 글쓰기를 합치면 '나'라는 브랜드를 알리는 가장 좋은 도구가 되기 때문이다.

개인 브랜드의 힘

이제 누가 나를 고용하는 시대가 아니라 내가 나를 고용하는 시대다. 기업에만 브랜드가 필요한 게 아니라 개인에게도 브랜드가 필요하다는 뜻이다. 감이 오지 않는다면 '스티브 잡스' '빌 게이츠' '오프라 윈프리' 같은 인물들을 떠올려보자. 애플은 몰라도 스티브 잡스를 모르는 사람은 없다. 마이크로소프트는 몰라도 빌 게이츠를 모르는 사람 또한 없다. 이것이 바로 개인 브랜드의 힘이다.

예를 들어 학원 정보는 누구, 인테리어 정보는 누구, 인적 네트워크는 누구라는 식으로 남과 다른 차별성을 지녀야 한다. 이를 위해서는 언제 어디서 무엇을 하든 가장 먼저 '나'라는 브랜드를 생각하고 키워야 한다. '평범한 가정주부가 어떻게 브랜드를 만들 수 있지? 그건 아마도 능력을 타고난 몇몇 사람들이나 가능한 이야기일 거야'라고 생각한다면 그건 당신의 편견이다. 과거에는 언론을 통해야만 개인 브랜드 구축이 가능했다. 그러나 지금은 시대가 다르다. 오늘도 블로그, SNS, 1인 방송 등을 통해 수많은 개인 브랜드가 탄생하고 있지 않은가? 개인 브랜드가 구축되면 굳이 명함이 없어도 자신이 설명된다. 굳이 홍보하지 않아도 사람들이 먼저 나를 찾아오게 된다. 요즘처럼 경쟁이 치열한 사회에서 자신의 브랜드를 가지고 있다는 것은 엄청난 자산이 된다.

2015년, 주인공이 화성 탐사를 떠났다가 사고로 혼자 남겨진 후 구조될 때까지 고군분투하는 생존 과정을 그린 영화 〈마션〉이 개봉했다. 이 영화의 원작은 인터넷 소설이다. 원작자인 앤디 위어의 직업은 소프트웨어 개발자다. 앤디 위어가 자신의 블로그에 취미 삼아 올리기 시작한 인터넷 소설이 전 세계 독자들의 열광적인 지지를 얻은 결과 출판은 물론 영화로까지 만들어진 것이다. 그는 결국 글을 쓰는 행위 하나로 자신의 브랜드를 만든 셈이다.

논리력, 체계력, 전달력이 핵심이다

글을 쓴다는 것은 자신의 의사를 전달하는 행위다. 형태가 없는 생각을 자신이 원하는 모양대로 만들어내는 것이 글쓰기의 핵심이다. 이를 가능케 하려면 자신의 생각을 논리적으로 정돈해 체계화하고 다른 사람에게 표현할 수 있는 전달력을 길러야 한다. 논리력과 표현력을 기르는 데 가장 좋은 것이 독서다. 독서는 통찰력과 표현력을 향상시켜 논리적으로 글을 쓰게 한다. 또한 이를 바탕으로 자신의 생각을 명확하게 표현하고 전달할 수 있게 만들어준다. 결국 글을 잘 쓰기 위해서는 많이 읽어야 하고 많이 써봐야 한다.

10년 후,
어떤 삶을 살 것인가?

아는 것만으로는 충분하지 않다. 적용해야만 한다.
자발적 의지만으로는 충분하지 않다. 실행해야만 한다.

— 요한 볼프강 폰 괴테

일반인들이 개인 브랜드를 만들기 위해 가장 쉽게 도전할 수 있는 게 바로 블로그다. 실제로 파워블로거 중 상당수를 여성이 차지하고 있다. 특히 전업주부들이 많은데 그녀들은 요리, 정리 정돈, DIY, 육아 등 자신이 가장 잘하는 일을 다른 유저와 공유하며 개인 브랜딩을 쌓아나갔다. 나 역시 교육 컨설턴트로 자리 매김하는 데 블로그가 중요한 역할을 했음을 부인할 수 없다.

하지만 블로그를 처음 시작할 당시만 해도 이렇게 힘을 가진

매체가 되리라고는 상상하지 못했다. 대치동의 수많은 학원을 돌아다니며 찾아낸 각종 정보를 정리하기 위해 시작한 게 블로그였기 때문이다. 한마디로 무엇이든 정리하는 습관이 만들어 낸 결과물이다.

내게 맞는 정보는 따로 있다

대치동에는 학원이 약 2,000여 개나 있다. 그 많은 학원 중에서 내 아이에게 맞는 학원을 찾기란 보통 일이 아니다. 정보가 없으면 선택도 쉽지 않다. 이것이 바로 강남 엄마들이 커뮤니티에 집착하는 이유다. 커뮤니티 내에서는 선생님의 실력, 교과 과정 등 학원에 대한 정보 교환이 활발하게 이뤄진다. 하지만 나는 이미 몇 번의 경험으로 엄마들의 정보가 지극히 주관적이라는 사실을 깨달았기에 크게 신뢰하지 않았다. '내 아이를 가장 잘 아는 건 옆집 엄마가 아니라 나'라는 생각으로 직접 학원을 찾아다니며 원장을 만나 상담하고 커리큘럼을 꼼꼼하게 분석했다. 그러다 보니 정보가 차고 넘쳤다. 넘치는 정보를 체계화해 옥석을 가려야만 했다.

나름대로 학원 순위를 매기고 각 학원의 특징과 커리큘럼, 선생님 정보 등을 일목요연하게 정리해 블로그에 올렸다. 그러자 주변에서 뜨거운 반응이 이어졌다. 새로운 교육 정보를 찾는 사람들의 발길이 끊이지 않았다. 얼마 지나지 않아 블로그를 방문하는 사람이 수천 명을 넘어섰다.

대치동에서는 정보가 곧 권력이다. 아무리 친한 사이라도 고급 정보는 자기 수첩에만 적어놓고 알려주지 않는다. 가까운 친구라도 입시에서는 경쟁자가 되는 현실이니 그럴 수밖에 없다. 이런 살벌한 분위기 속에서 대놓고 모든 정보를 공개했으니 엄마들 입장에서는 매우 반가웠던 모양이다. 가끔 내게 '그렇게 힘들게 모은 정보를 공유하는 게 아깝지 않으냐'고 묻는 사람이 있는데 대답은 '그렇지 않다'는 것이다.

아무리 좋은 정보라도 내 상황과 맞지 않으면 무용지물이다. 어느 지역의 부동산이 오른다는 정보를 들어도 투자할 돈과 결단력이 없으면 아무 소용없다. 교육 정보도 그렇다. 좋은 학원도 내 아이와 맞지 않으면 좋은 학원이 아니다. 4년제 대학 진학이 어려운 아이에게 서울대 입시 정보가 무슨 소용이 있겠는가? 그 많은 정보 속에서 자신에게 꼭 맞는 걸 찾아내는 게 능력이다.

아무튼 개인적인 필요에 의해서 시작한 블로그는 예상 밖의 반응을 불러왔다. '고맙다' '큰 도움이 되었다'는 댓글들이 하나둘씩 올라오자 약간의 의무감과 책임감도 느껴졌다. 생각보다 블로그를 찾는 사람이 많아지자 딱딱한 교육 관련 정보만으로는 부족하다는 생각이 들었다. 이를 채우기 위해 맛집이나 지역 정보를 업데이트해 다양한 읽을거리를 만들었다. 정보와 친밀감이 결합되자 엄마들의 공감도가 한층 높아졌다. 그들의 기대에 부응하기 위해 하루도 거르지 않고 교육 관련 정보를 찾아 올렸다. 그러는 사이 나도 모르게 '샤론코치'라는 브랜드가 생겼다.

현재 살고 있는 지역의 전문가가 되어라

가끔은 내가 대치동에 살지 않았다면 현재 다른 이름으로 불리고 있을지도 모른다는 생각을 한다. 대한민국 사교육 1번지라고 불리는 교육 특구에 생활 터전을 잡은 결과 교육에 관심을 가지게 됐을 뿐이다. 내가 만약 분당에 살았다면 그 지역 사람들이 가장 관심 있는 분야가 무엇인지 생각하고 공부했을 것이다. 자신이 살고 있는 지역의 전문가가 돼야 한다는 말이다.

　일례로 내가 분당에 꽃집을 차린다면 가장 먼저 그 지역 사람들의 연령 분포도부터 파악할 것이다. 어느 연령대가 가장 많이 살고 있는지, 어느 꽃이 가장 잘 나가는지, 유동인구가 가장 많은 시간은 언제인지 등의 관련 정보를 수집할 것이다. 실제로 오피스 사무실이 밀집해 있는 지역은 개업 화분이, 20대의 젊은 층이 주로 모이는 유흥가는 장미꽃 다발이 가장 잘 나간다고 한다. 이러한 지역의 특성조차 파악하지 않고 개업했다가는 6개월도 못 버티고 폐업의 길로 들어설 것이다. 만약 요리에 자신이 있어 반찬가게를 생각하고 있다면 1인 가구의 비율과 1인 가구의 남녀 성비는 물론 그들의 평균 소득을 파악해야 한다. 나아가 워킹맘은 몇 퍼센트나 되는지 그들이 선호하는 반찬은 무엇인지 고려해야 한다.

남과 같아서는 안 된다
조금 더 특별해야 한다

실제로 요즘 내 주변을 보면 적지 않은 여성이 창업을 생각하거나 창업을 준비하고 있다. 그런데 최근 한 조사 결과에 따르면 창업자의 20퍼센트만이 성공하는 것으로 나타났다. 철저히 사전조사를 해도 성공하는 사람보다 실패하는 사람이 더 많다는 이야기다. 이러한 위험에도 불구하고 창업을 생각하고 있다면 다음의 네 가지 사항을 염두에 두자.

첫째, 현재 나의 여건을 냉정하고 객관적으로 살펴보자. 창업을 할 만한 자본과 환경이 갖춰져 있는지 판단해야 한다는 말이다. 괜한 욕심과 배짱으로 가족 모두를 불행에 빠뜨리는 일은 없어야 한다.

둘째, 나에게 가장 적합한 아이템을 선택하는 것이 중요하다. 나이, 적성, 성격, 경험, 가족관계, 거주지, 자본력 등을 분석해 그에 맞는 아이템을 선정해야 한다. 사람을 상대하는 게 버거운 사람은 서비스업 자체를 시작해선 안 된다.

셋째, 아이템을 결정했다면 주 타깃에 대한 조사는 필수다. 타깃의 나이, 성별, 취향 등을 철저하게 조사해 시장성을 파악해야 한다.

넷째, 아이템과 타깃까지 정했다면 경쟁력, 차별화 요소, 가격 정책 등을 고민해야 한다. 고객에게 어떻게 팔 것이고, 가게 운영은 어떻게 할 것인지 등 꼼꼼한 계획이 필요하다.

이러한 심사숙고의 과정을 거쳐도 열에 아홉은 실패하는 게 창업이다. 철저한 준비 없이는 더 큰 불행을 맞을 수 있으니 치열한 분석과 고민은 필수다. 남과 같아서는 안 된다. 그들이 생각하는 것 이상을 내다보는 힘을 길러야 한다. 평범해서는 안 된다. 조금 더 특별해야 한다. 그것이 바로 창업에 성공하고, 개인 브랜드를 만드는 지름길이다.

자신의 가치를 높이는 가장 좋은 방법

아이를 양육하는 데 드는 시간은 대략 10년. 이후 당신은 무엇을 할 것인가? 전업주부든 워킹맘이든 현재 상황에 만족하며 안주할 수 있는 사람은 그리 많지 않다. 아이를 떠나보낸 후 어떤 삶을 살 것인지 지금부터 치열하게 고민해야 한다. 이미 직장을 가지고 있는 여성이라도 언제 경력단절의 길로 들어설지 알 수 없다.

아이를 양육하는 시간은 엄마들에게 제2의 인생을 준비해야 하는 아주 중요한 시기다. 또한 새로운 가치를 만들어내기 위한 최적의 시기이기도 하다. 생각해보라. 회사에서 인정받는 사람은 새로운 가치를 만들어내는 사람이다. 경영자 입장에서 가치를 창출하는 사람은 아무리 큰돈이 들더라도 놓치고 싶지 않은 존재다. 그런 사람이라면 당연히 다른 회사도 탐내기 마련이다. 미래를 기대할 수 있는 사람을 마다할 회사는 없다. 자신의 가치를 높이기 위한 가장 좋은 방법은 배움과 학습이다. 결국 운명은 학력이 아니라 학습이 만든다고 해도 과언이 아니다.

지금 시작하면 10년 후 그 무엇이라도 할 수 있지만, 지금 시작하지 않으면 10년 후 지금보다 못한 삶을 살게 된다. 10년 후 당신은 어떤 삶을 살 것인가? 이제 선택은 오롯이 당신에게 달려 있다.

모두를 만족시키는 선택은 없다. 집안일과 회사일 모두를 완벽하게 해내려는 환상을 버려
야 한다. 모두에게 이해받을 필요도 없다. 그 어떤 선택을 하든 나 자신이 우선이어야 한다.
흔히 슈퍼우먼 콤플렉스나 완벽주의가 있는 여성은 가정에 문제가 생기면 모든 것을 자신
의 잘못으로 돌린다. '내가 부족해서' '내가 신경을 쓰지 못해서' '내가 조금 더 노력했어야
했는데'라고 자학하며 깊은 우울감에 빠진다. 그러나 아이가 아픈 것도, 집 안이 어수선한
것도, 남편이 아침밥을 못 챙겨 먹고 나가는 것도 당신 잘못이 아니다.

CHAPTER 3

운명은 학력이 아니라
학습이 만든다

인생을 바꾸고자 노력하는
당신을 위한 자기 분석법

완벽한 엄마보다
부족한 엄마가 낫다

최고의 교훈은 과거의 실수로부터 배울 수 있다.
과거의 실보은 미래의 성공을 위한 지혜가 된다.
데일 카네기

전업주부로 생활하던 여성이 다시 사회에 나가려고 마음먹은 순간 가장 큰 걸림돌은 다름 아닌 가족이다. 워킹맘이 새로운 학업을 시작하거나 승진을 준비할 때도 상황은 비슷하다. 아이를 제대로 키우기 위해 가정을 선택하면 "요즘 남편 혼자 벌어서 어떻게 살 수 있느냐"며 '팔자 좋은 여자'라는 소리를 듣고, 아직 젖도 못 뗀 아이를 두고 출근을 하면 '독한 여자'라는 이야기를 듣게 된다.

모두를 만족시키는 선택은 없다. 집안일과 회사일 모두를 완벽하게 해내려는 환상을 버려야 한다. 모두에게 이해받을 필요도 없다. 그 어떤 선택을 하든 나 자신이 우선이어야 한다.

흔히 슈퍼우먼 콤플렉스나 완벽주의가 있는 여성은 가정에 문제가 생기면 모든 것을 자신의 잘못으로 돌린다. '내가 부족해서' '내가 신경을 쓰지 못해서' '내가 조금 더 노력했어야 했는데'라고 자학하며 깊은 우울감에 빠진다. 그러나 아이가 아픈 것도, 집 안이 어수선한 것도, 남편이 아침밥을 못 챙겨 먹고 나가는 것도 당신 잘못이 아니다.

완벽한 엄마는 없다

슈퍼우먼은 영화나 드라마 속에나 존재하는 것이다. 그러니 완벽한 엄마에 대한 환상을 버려라. 하나에서 열까지 자신이 다 하려하지 말고 필요하면 타인의 손을 빌리자. 도움을 받을 수 있는 사람이 남편이라면 더할 나위 없이 좋겠지만 남편이 내 편이 돼주기란 쉽지 않다. 늦게 들어오는 날이 태반일 뿐더러 행여 일찍 귀가하더라도 소파에 누워 텔레비전 리모컨이나 만지고 있을 게 뻔하다. 설거지 한 번 해주면서 온갖 생색을 내는 남편에게 뭔가를 자꾸 기대하면 결국 돌아오는 건 상처뿐이다. 차라리 타인의 도움을 받는 게 훨씬 낫다.

반찬은 반찬 가게, 다림질은 세탁소, 경제적인 여유가 된다면 가사 도우미를 활용하는 것도 좋은 방법이다. 가끔 '우리 아이에게 어떻게 사온 반찬을 먹이느냐'라고 반문하는 사람이 있는데 초등학생만 돼도 집에서 먹는 음식보다 밖에서 먹는 음식이 더 많다. 엄마가 가사에 지쳐 아이와 놀아주지 못하고 짜증을 부리는 것보다, 요리할 시간에 차라리 반찬을 사다 먹고 아이와 교류하는 게 더 좋을 수 있다.

나 역시 일을 시작하면서 가족에게 '더 이상 아침밥을 해줄 수 없다'고 선언했다. 그도 그럴 것이 일의 특성상 정시 출퇴근이 불가능하다. 전국을 돌며 강연하고 늦은 밤까지 학부모와 상담하는 일이 많다. 이도 아니면 선생님들과 회의가 이어진다. 귀가 후에도 다음 날 강연 준비로 새벽까지 잠 못 이루기 일쑤다. 이런 상황에서 아침밥까지 차려줄 수 있는 사람이 있다면 그야말로 상 받아 마땅할 것이다.

물론 아이들이 어느 정도 성장했기에 가능한 일이지만 일하는 여성, 공부하는 여성에게는 분명 가족의 도움이 필요하다.

내가 일을 시작한 후 아이들은 스스로 아침을 챙겨 먹기 시작했다. 내가 놓친 교육 정보가 있으면 먼저 알려주기도 하고 관련 도서나 일에 도움이 될 만한 영화가 있으면 먼저 추천해주기도 한다. 남편 역시 큰 도움을 주고 있다. 지방 강연은 함께 동행하고 내가 어떤 결정을 하든 늘 믿고 지지해준다. 그래서일까? 일을 시작한 후 가족과 함께 있는 시간은 현저히 줄었지만 가족에 대한 사랑은 더욱 커진 것을 느낀다.

때로는 가족에게 미안한 마음도 들고 '무엇을 위해 이렇게 바쁘게 살아가나' 싶기도 하다. 그렇지만 나는 지금의 내 일이 너무 좋다. 내가 행복하니 가족에 대한 시선도 더욱 너그러워진 게 사실이다.

가족의 응원과 지지를 얻는 법

"나 이제부터 다시 일하기로 결심했어. 그러니 앞으로 집안일은 반씩 부담해!"

전업주부가 어느 날 갑자기 일을 시작하겠다고 선언했을 때 그 자리에서 박수 치며 환영해줄 남편은 그리 많지 않다. 일반적으로 남편은 아내가 일을 하면 경제적으로 어느 정도 도움은 되겠지만 그만큼 잃는 것도 많다고 생각한다. 실제로 일하는 아내를 둔 남편들은 육아와 집안일 등 짊어져야 할 몫이 늘어난다. 미래를 생각하면 일하는 아내가 좋지만 당장의 피곤함을 생각하면 집에 있는 아내가 낫다고 느낄 수 있다.

아이들도 갑자기 일하는 엄마가 싫기는 마찬가지다. 자녀의 나이가 어리면 더욱 그렇다. 매일 아침 출근하는 엄마의 바지자락을 붙잡고 나라 잃은 백성처럼 서러움을 토해내는 아이를 떼내는 것도 고역이다. 사회생활도 녹록지 않은데 가족과 갈등이 생기면 '내가 벌면 얼마나 번다고' '식구들을 힘들게 하면서까지 무슨 공부를 한다고, 내가 미쳤지'라는 죄책감에 쉽게 포기하게 된다. 결국 결혼한 여성이 가정이라는 울타리 밖에서 무언가 새로운 시도를 하기 위해서는 가족의 절대적인 도움과 응원, 지지가 필요하다. 가족과의 관계가 사회생활의 성공과 실패를 좌우한다고 해도 과언이 아니다. 그러니 가족을 먼저 내 편으로 만들어야 한다.

가족을 내 편으로 만드는 가장 좋은 방법은 긍정적인 언어를 사용하는 것이다. "고마워" "잘했어" "사랑해" 이 세 마디만 잘해도 어지간한 갈등은 해결된다. 특히 아이들에게는 끊임없이 긍정의 메시지를 전달해야 한다. 아이들에게 이런 말은 곧 '엄마, 아빠는 항상 네 편이다' '우린 언제나 널 응원한다'는 의미로 전해진다. 내가 먼저 남편의 편, 아이들의 편이 되면 남편과 아이들 역시 나를 응원하는 내 편이 돼준다.

꿈을 공유해야 하는 이유

만약 공부를 시작했다면 이 내용을 가족과 공유하는 게 좋다. 기회가 닿을 때마다 엄마가 오늘 무엇을 배웠는지, 내일은 무엇을 배울 것인지, 이를 바탕으로 어떤 자격증을 취득할 것인지, 최종적인 목표는 무엇인지 이야기해야 한다. 나 혼자 공부하는 게 아니라 가족 모두가 동참하고 있는 듯한 느낌을 줘야 한다. 엄마 혼자만의 꿈이 아니라 가족 모두의 꿈으로 만드는 게 중요하다.

아이에게는 엄마가 공부나 일을 시작할 경우 일어나게 될 환경적 변화에 대해 차분히 설명한다. 엄마가 제2의 인생을 시작하면 생기는 장점들도 이야기해주자. 이러한 감정 교류는 매우 중요하다.

어린 시절 엄마에게 충분한 사랑을 받은 아이는 훗날 엄마가 공부 때문에 바빠서 잘 챙기지 못하더라도 엄마의 상황을 이해하고 든든한 지지자가 된다. 독립적으로 인생을 개척해나가는 엄마의 모습을 자랑스럽게 생각한다. 하지만 엄마에게 충분한 사랑과 공감을 받지 못한 아이는 자신이 우선순위에서 밀렸다고 생각한다. 엄마의 공부 때문에 자신이 소외되었다고 생각하기에 "엄마가 나한테 해준 게 뭐가 있어!"라는 소리가 나오는 것이다.

사랑받은 만큼 자라는 아이들

얼마 전 가족 여행을 떠났을 때의 일이다. 목적지로 가는 차 안에서 이런저런 이야기를 나누고 있는데 갑자기 아이들이 어린 시절 이야기를 꺼냈다.

"그때 생각나? 오빠 시험 끝나고 엄마가 만들어준 닭볶음탕. 가게에서 파는 것보다 더 맛있었잖아. 내가 여태껏 먹어본 것 중에 가장 맛있는 닭볶음탕이었어."

별말 없이 운전대를 잡고 있던 남편도 한마디 거든다.

"당신이 김치만두는 정말 잘하지. 세상 어디에도 그런 맛은 없어."

그 순간 깨달았다. 지금은 가족의 식사조차 제대로 챙기지 못하는 엄마지만 아이들이 별 문제없이 잘 자라고 있는 것은 어린 시절 충족된 사랑 때문이라는 사실을. 현재 엄마의 빈자리를 어린 시절의 추억으로 채우며 나의 선택을 존중하고 응원해주고 있다는 것을. 아이들은 그렇게 나도 모르는 사이 또 한 뼘 성장해 있었다.

때로는 절실함이
가장 큰 힘이 된다

용기 있는 자는 마음 약한 사람이 실패한 지점에서
희망의 열매를 거두기 시작한다.
에드워드 에스크너

세상에 자존심이 없는 여자는 없다. 그러나 아무리 콧대 높은 여자들도 자존심을 버릴 수밖에 없는 순간이 온다. 바로 자식 문제가 걸려 있을 때다. 남편 없이 혼자 아이를 키워야 하는 엄마가 지켜야 하는 건 자존심이 아니라 아이들이다. 그런 엄마에게 자존심과 부끄러움은 사치다. 당장 생계를 이어나가야 하고, 아이들을 학교에 보내야 하는 엄마에게는 자존심보다 절실함이 더 큰 힘이 된다.

당신에게는 어떤 절박함이 있습니까?

전업주부가 다시 사회생활을 시작할 때도 이러한 절박함이 필요하다. 그래야 쉽게 포기하지 않는 단단함이 생긴다. 다시 일하고 싶어도 순간의 부끄러움과 창피함을 이기지 못해 기회를 놓치는 여성이 많다. '10년 동안 집 안에만 있던 내가 과연 잘할 수 있을까?' '어린 애들한테 괜히 무시만 당하는 것 아닐까?' 'SNS도 모르는 내가 세상에 나가서 적응할 수 있을까?' 겁부터 낸다. 재취업을 하려고 해도 나이부터 걸리고, 나이가 맞으면 경력이 미치지 못하니 쉽게 포기해버린다. 그 마음은 충분히 이해할 수 있다.

상담실에서 만난 40대 초반의 주부 승연 씨는 그나마 용기 있는 편에 속한다. 그녀는 결혼 전 외국계 해운회사에서 근무한 경력으로 작은 무역회사에 재취업했다.

20대도 어렵다는 취업에 성공한 그녀는 평소 "당신 나이에 취직이 되겠어?"라며 자신을 무시하던 남편의 콧대를 눌러주기 위해서라도 당당하게 사회생활을 하리라 결심했다. 그런데 입사 일주일 만에 그녀는 심각하게 퇴사를 고민 중이다. 나이 어린 팀장과의 갈등이 문제였다.

디테일이 곧 경쟁력이다

승연 씨처럼 어렵게 재취업에 성공했지만 회사에 적응하지 못하고 중도에 그만두는 여성들이 의외로 많다. 나를 사랑하고 인정해주는 가정이라는 울타리 안에서 평온한 생활을 하다가 갑자기 적들로 둘러싸인 전쟁터에 나왔으니 적응이 쉽지는 않을 것이다. 그런데 입장 바꿔 생각해보자. 당신이 직장 상사인데 어느 날 갑자기 자신보다 열 살 많은 부하 직원이 들어왔다. 나이 많은 것도 부담스러운데 하는 일마다 서툴러서 사고를 친다. 이쯤 되면 경력 사원을 뽑은 건지 인턴 사원을 뽑은 건지 헷갈릴 지경이다. 상사로서 따끔하게 한마디라도 하면 화장실에서 울고 왔는지 벌겋게 부어오른 눈으로 나만 나쁜 사람을 만든다. 과연 그 사람과 계속 일하고 싶겠는가?

회사 화장실과 유리창의 청결 상태를 보면 그 회사 전체의 청결 상태를 가늠할 수 있다. 회사에 전화를 걸었을 때 전화 받는 직원의 말투와 친절함을 보면 그 사람의 마인드와 기업 문화를 알 수 있다. 매장에 진열된 제품 상태를 보면 그 매장의 직원들이 어떤 마음으로 고객을 대하는지 알 수 있다. 이처럼 사소한 것에서 전체가 드러나는 법이다. 사람도 마찬가지다. 평소 생활

태도와 습관이 그 사람의 성품을 나타낸다. 같은 실수를 반복하면서도 개선의 기미가 없는 사람, 언제나 성과보다 변명만 늘어놓는 사람은 발전 가능성이 낮다.

진짜 자존심을 지키는 방법

회사는 비즈니스 공간이다. 만약 직장 상사가 당신의 잘못을 지적한다면 그것은 당신의 인격이나 당신의 성품을 이야기하는 게 아니다. 오로지 당신이 한 일, 잘못된 상황에 대해 말하는 것이라는 사실을 깨달아야 한다. 만약 당신이 제출한 기획안이 거절당했다면 상사는 기획안을 거절한 것이지 당신 자체를 거절한 게 아니라는 이야기다. 여성들은 특히 공적인 감정과 사적인 감정을 구별해야 한다. 일은 일일 뿐이다. 일을 쓸데없는 자존심과 연결 짓지 마라. 나를 괴롭히는 직장 상사를 피해서 회사를 그만두는 것보다 보란 듯이 성공해 '당신의 생각은 틀렸다'는 것을 보여주는 게 진짜 자존심을 지키는 일이다.

세상에 공짜는 없다. 모든 도전에는 장애물이 있다. 크고 작은 장애를 만났을 때 피하거나 포기하지 말고 이를 악물고 극복하면 더 큰 난관을 헤쳐나갈 힘이 생긴다. 수치스러움을 견뎌낼 힘을 길러야 한다. 굳은살이 켜켜이 쌓여 더 이상 아픔을 느끼지 못할 만큼 강해져야 한다.

　지금은 이름이 알려져서 그에 합당한 대우를 받지만 나 역시 초보 강사 시절 자존심이 무너지는 치욕스러운 순간이 많았다. 강의를 하러 가면 종종 담당자가 잡상인을 상대하듯 힐끗 쳐다보며 '저쪽에서 기다리라'고 하는 경우도 있었다. '저 사람은 뭐 하는 사람인가?'라는 궁금증 가득한 표정으로 힐끔거리는 사람들의 시선을 받을 때마다 나는 이를 악물고 보란 듯 더 열심히 뛰었다. 지금은 오히려 그 사람들에게 감사함을 느낀다. 아마도 그들이 없었다면 오기를 가지고 끝까지 버티지 못했을 것이다.

치욕을 견디는 힘

상담을 통해 만난 수많은 학부모에게도 감사의 말을 빼놓을 수 없다. 학부모들에게 나와 만나는 시간은 썩 유쾌한 자리가 아니다. 아이의 성적을 적나라하게 분석하는 자리가 어찌 즐겁기만 하겠는가. 자녀의 성적이 아주 뛰어난 몇몇 학부모를 제외하고는 다소 불편할 수 있다. 그럼에도 불구하고 나를 믿고 계속 찾아주는 사람들이 고마울 뿐이다. 지금도 여러 사람의 얼굴이 머릿속을 스쳐 지나가는데 최근 들어 유독 기억에 남는 사람이 한 명 있다. 주기적으로 상담 스케줄을 잡고는 상담 당일 갑자기 약속을 취소하는 학부모다.

요즘 유명 레스토랑들이 식사를 예약한 후 오지 않는 사람들, 일명 '노쇼(no-show)' 손님들로 골머리를 앓고 있다고 한다. 노쇼 고객들로 인해 다른 손님을 받지 못하는 것은 물론 준비했던 음식 재료를 모두 폐기해야 하는 등 적지 않은 피해를 보고 있다는 것이다. 상담도 이와 비슷하다. 예약을 미리 취소하면 상관없지만 그렇지 않으면 상담을 기다리는 다른 학부모가 시간적으로 큰 피해를 본다.

앞서 말한 문제의 그 학부모, 일방적으로 상담을 취소한 게 내 기억으로만 대략 서너 번이 넘는다. 문제는 꼭 약속 당일 문자메시지로 예약을 취소한다는 것이다. 이런 일을 미연에 방지하기 위해 나는 상담료를 선입금 받는다. 하지만 그 사람은 항상 상담료를 만나서 지불하겠다는 식으로 전화를 끊는다.

얼마 전, 그 사람으로부터 또 예약 전화가 걸려왔다. 이번에는 그냥 넘어가면 안 되겠다 싶어 예의를 갖추고 정중히 상담을 거절했다. 통화를 끝내려는 순간 수화기 너머로 나지막한 목소리가 흘러나왔다.

"선생님, 그래도 수많은 학부모 중 제가 가장 기억에 남으실 거예요. 또 연락드릴게요."

연인 사이도 아닌데 이 무슨 밀당인가 싶다. 아무튼 그 사람의 말대로 수많은 학부모 중 가장 기억에 남는 사람으로 각인된 건 사실이다. 솔직히 옛날 같았으면 꽤 스트레스를 받을 일이다. 하지만 그간의 시간이 헛되지는 않았나 보다. 웃으며 전화를 끊을 수 있었던 것을 보면.

돌이켜 생각해보면 내게 상처 주고 좌절감을 안겨준 사람들은 모두 나를 강하게 단련시켜준 고마운 존재다. 사회생활을 시작하려거든 크고 작은 스트레스에 대응하는 능력을 길러야 한다. 사소한 아픔부터 큰 시련까지 견딜 수 있는 힘을 길러야 한다. 치욕을 견디는 과정은 힘들지만 그 결과는 힘든 순간을 보상하고도 남을 만큼 값지다. 치욕을 견디는 사람만이 자신의 한계를 뛰어넘을 수 있고 꿈을 현실로 만들 수 있다.

스스로에게 기회를 주지 않으면
기회는 오지 않는다

우리 각각은 자기 자신의 미래를 건설한다.
우리는 자기 자신의 운명을 건설하는 건축가다.
아피우스 클라우디우스

누구나 한번쯤은 터닝 포인트라는 말을 들어봤을 것이다. 경기의 승패를 좌우하는 분기점, 어떤 일이나 상황의 방향을 새롭게 바꿔나가는 계기가 되는 터닝 포인트. 하버드대학교의 하워드 스티븐스 교수는 터닝 포인트를 이렇게 설명하고 있다.

"터닝 포인트란 지금까지 달려오던 것과는 전혀 다른 쪽으로 완전히 방향을 틀어야 할 지점이다. 작고 보잘것없는 씨앗 속에 사과나무라는 잠재력이 들어 있듯, 전환점에는 우리의 숨은 능력을 이끌어낼 수 있는 엄청난 잠재적 에너지가 들어 있다."

터닝 포인트, 이 기회를 스스로 만들 수 있다면 더 바랄 게 없겠지만 현실적으로 이런 능력을 갖춘 사람은 많지 않다. 기회를 만들 수 없다면 방법은 단 하나, 기회가 왔을 때 잡을 수 있는 안목이라도 길러야 한다.

내 인생의 첫 번째 터닝 포인트

내 인생의 첫 번째 터닝 포인트는 2001년 홀연히 떠난 유학에서 비롯됐다. 당시 사회는 IMF가 끝난 직후라 어수선하고 불안한 분위기가 팽배했다. 대기업이 줄줄이 무너지고 대다수 가장이 직장을 잃은 상황. 표면적으로는 경제 위기가 끝났다고 하지만 사람들의 마음속에는 여전히 이유 모를 불안함이 자리 잡고 있었다.

하나 둘 새로운 비전을 찾아 이민을 가려는 사람이 증가했다. 우리도 그중 한 사람이었다. 남편과 나는 아이들에게 더 좋은 환경을 만들어주고 싶었다. 새로운 세상에서 새로운 꿈을 꾸고 싶었다.

마침 미국 동부에 살고 있는 지인이 있었다. 우리 부부는 현장 답사 겸 이민 사회의 현실을 알아보기 위해 설레는 마음으로 미국행 비행기에 몸을 실었다. 하지만 그 기대는 오래가지 못했다. 우리가 선택할 수 있는 일에 한계가 있었던 것이다. 당시 대부분 한인이 그랬듯 우리 역시 네일숍과 델리숍, 세탁소 외에는 딱히 할 일이 없었다.

평생 자신의 손톱만 잘라본 남편이 네일숍에서 무슨 일을 할 수 있겠는가? 평생 샌드위치도 만들어보지 않은 남편이 무슨 수로 음식을 만들어 팔겠는가? 결국 별다른 기술이 필요 없는 세탁소 외에는 딱히 할 일이 없었다. 마침 우리를 초대한 지인이 세탁소에서 근무하고 있었다. 남편은 실습이라도 해보겠다며 그를 따라 세탁소로 출근했다.

남편은 한국에서 남부럽지 않은 직장생활을 하던 사람이었다. 큰 부자는 아니어도 먹고 사는 데 문제없을 정도의 경제력도 가진 사람이었다. 그런 사람이 온종일 세탁소 한구석에 쪼그리고 앉아서 하는 일이라고는 옷의 보푸라기를 떼내는 것이었다. 도대체가 말이 안 되는 상황에 나도 남편도 할 말을 잃었다.

세탁소에 출근한 지 3일째 되던 날, 남편이 먼저 입을 열었다.

"이건 아니야. 다시 돌아가자, 한국으로….."

공부가 이토록 재미있을 줄이야

솔직히 나 역시 남편과 같은 심정이었다. 하지만 아무런 소득 없이 빈손으로 허무하게 돌아가기는 싫었다. 우리는 목적지를 바꿔 캐나다 서부로 향했다. 정신없이 돌아가는 미국보다는 캐나다 밴쿠버가 왠지 정겹게 느껴졌다. 그곳에서 남편과 나는 여러 경로를 통해 아이들이 영어 공부를 할 수 있는 환경인지 알아봤다. 그리고 얼마 후 우리 가족은 밴쿠버에 도착했다. 유학생활이 시작된 것이다.

캐나다에 도착한 후 아이들을 초등학교에 입학시키고 나는 대학원에 다녔다. 그런데 이토록 공부가 재미있을 줄이야! 대학 졸업 후 거의 20년 만에 다시 시작하는 공부였다. 흔히 학창 시절로 돌아가면 후회 없이 공부만 하고 싶다고들 이야기하는데 나 역시 그랬다. 언어라는 높디높은 장벽이 있긴 했지만 그마저도 즐겁게 느껴졌다.

문제는 아이들이었다. 아이들은 말도 통하지 않는 낯선 땅에서 엄마의 도움을 절실히 필요로 했지만 나는 매일 새벽까지 공부하느라 아이들을 제대로 돌볼 수 없었다. 그렇게 6개월이 되었을 무렵, 냉정하게 유학생활을 돌아봤다. 나는 항상 선택을 앞두면 그 일의 '최초 목적'을 떠올린다. 우리가 밴쿠버에 온 이유는 내 공부가 아니라 아이들 공부 때문이다. 그런데 나도 모르는 사이 주객이 전도돼 버렸다. '이대로는 안 된다. 지금은 내 인생보다 아이들 인생이 중요한 시기다'라고 결론을 내린 나는 주저 없이 대학원을 그만뒀다. 물론 지금도 마음 한구석에는 '그때 공부를 더 했더라면'이라는 아쉬움이 남아 있다. 하지만 아이들을 생각하면 백번 잘한 결정이라고 생각한다.

교육 컨설턴트의 바탕이 된 유학생활

대학원을 그만둔 후, 아이들 돌보는 일에 모든 시간과 에너지를 쏟아부었다. 그제야 당시 밴쿠버에 유학생들이 따로 공부할 만한 여건을 갖춘 학원이 없다는 사실을 깨달았다. 한국인이 운영하는 영어 학원이 있었지만 현지 상황에 맞춰진 커리큘럼이어서 이제 막 유학 온 학생에게는 큰 도움이 되지 않았다.

　잘 알다시피 한국은 워낙 학원이 많아서 선택의 폭이 넓다. 엄마가 조금만 부지런하면 얼마든지 내 아이에게 맞춤옷처럼 꼭 맞는 학원을 선택할 수 있다. 하지만 캐나다의 실정은 달랐다. 학원도 많지 않았고 내 아이의 수준에 맞는 곳도 찾기 어려웠다. 그렇다고 서툰 영어 실력의 내가 아이들을 직접 가르칠 수도 없는 노릇이었다. 절충안을 찾아야만 했다. 긴 고민 끝에 '우리 아이들의 수준에 맞는 커리큘럼을 직접 만들어보면 어떨까?'라는 생각에 이르렀다.

커리큘럼을 만들기 위해서는 가장 먼저 우리 아이들 수준에 맞는 교재를 찾아야 했다. 지인의 추천을 받아 현지인들이 가장 많이 이용하는 서점을 찾았다. 직원에게 우리 아이들의 현재 영어 실력을 이야기하고 적합한 교재를 추천받았다. 아이의 실력이 레벨 2라고 한다면 레벨 1부터 레벨 3까지 수준별 교재 3권을 구입했다.

이를 들고 밴쿠버 시내의 한 영어 학원을 찾았다. 원장을 만나 상황을 설명하고 아이들을 지도할 때 내가 만든 커리큘럼을 참고해줄 수 있는지 물었다. 다행히도 학원장은 나의 제안을 흔쾌히 받아줬다.

아이들의 영어 실력은 꾸준히 향상됐고 나는 그에 맞는 교재를 계속 공급했다. 약 일 년이 지난 후 아이들은 학원을 그만뒀지만 우리 아이들이 사용하던 교재는 그 뒤로도 한국에서 온 유학생들의 커리큘럼으로 사용되고 있다고 한다.

모든 것은 과정이다

2년 후, 짧은 유학생활을 마치고 나와 아이들은 다시 한국으로 돌아왔다. 어학연수라는 단어가 대중화되지 않던 시기, 조기유학 열풍이 일어나던 시절이라 사회적으로 이에 대한 관심이 높을 때였다. 운명이었을까? 주변에서 연일 유학 관련 상담이 들어왔다.

보잘것없는 나의 경험으로 누군가를 도울 수 있다는 사실이 감사했다. 그렇게 시작된 상담이 반복되자 어느 순간 상담의 질이 일정 궤도에 올랐다. 개개인의 집안 형편, 아이의 수준과 성향, 아이의 꿈과 엄마의 바람 등을 종합해 각자 상황에 맞는 대안을 제시할 수 있게 된 것이다. 물론 당시만 해도 그저 수다를 떨고 내 의견을 전달하는 수준에 불과했기 때문에 그 어떤 대가도 받지 않았다. 그럼에도 사람들에게 도움을 줄 수 있는 시간이 즐거웠고 조금이라도 더 좋은 정보를 전달하기 위해 관련 자료를 모으기 시작했다. 그렇게 나도 모르는 사이 컨설턴트로서의 인생이 시작되고 있었다.

생각해보면 인생의 터닝 포인트라는 것은 우리의 생각보다 그리 거창한 게 아닌듯 싶다. 흔히 터닝 포인트라고 하면 인생의 방향을 180도로 뒤집어놓는, 어제와 전혀 다른 삶을 선사하는 기회라고 생각한다. 나 역시 그중 한 사람이었다. 하지만 터닝 포인트는 지금 바로 당신이 서 있는 그 자리에서 시작될 확률이 매우 높다. 누군가 나타나 선물처럼 쥐어주는 게 아니라 묵묵히 목표를 향해 한 걸음 두 걸음 나아가는 과정에서 스스로 만들어내는 기회인 셈이다.

지금 당신은 스스로에게 어떤 기회를 주고 있는가? 행여 스스로에게 기회조차 주지 않고 '나는 참 운 없는 사람'이라고 말하고 있지는 않은가? 평소 당신이 하고 싶어 했던 일들, 스스로가 허황된 생각이라고 치부했던 그 말도 안 되는 생각들이 어쩌면 인생의 터닝 포인트이자 삶의 또 다른 기회일 수 있다. 스스로에게 기회를 주지 않으면 행운은 오지 않는다.

적어도 나이 때문에
포기하지는 마라

"난 못해"라는 말은 아무것도 이루지 못하지만
"해볼 거야"라는 말은 기적을 만들어낸다.
— 조지 P. 번햄

나는 지금도 매일 아침 6시에 일어나 교육 관련 뉴스를 검색
한다. 하루가 다르게 변하는 정책 속에서 반드시 엄마들이 알아
야 하는 정보를 선별하고 분석해 블로그에 업데이트한다. 오전
10시에는 거의 강연이 잡혀 있으므로 간단한 빵으로 아침을 때
우고, 이어지는 상담을 하다 보면 점심도 놓치기 일쑤다. 강의
준비로 늦은 밤까지 잠 못 드는 날이 많고 보따리 장사처럼 전
국 각지를 누비는 힘든 직업이지만 나는 단 한 번도 이 일을 그

만두고 싶다는 생각을 해본 적이 없다. 내가 좋아하는 일이기에 더 잘하고 싶고, 완벽하게 하고 싶은 욕심을 경계하기 바쁠 뿐이다.

강점을 더욱 강화하라

모든 사람에게는 강점과 약점이 있다. 어떤 사람은 자신의 약점을 남에게 들키지 않으려 한다. 어떻게든 약점을 보강해 부족한 부분을 채우려고 노력한다. 나는 정반대의 방법을 선택했다. 약점을 인정하는 대신 내가 좋아하고, 잘하는 것을 더 잘하려고 노력했다. 강점을 더 강화하는 방법을 선택한 것이다.

　결혼한 지 얼마 지나지 않아 홈패션 열풍이 불었다. 혼수품으로 재봉틀이 필수였고 갓 결혼한 신부들은 커튼과 쿠션 만들기에 폭 빠져 있었다. 바느질도 못하는 내가 재봉에 소질이 있을 리 없었다. 손재주를 가진 주부들이 부럽기는 했지만 그렇다고 소질 자체가 없는 일을 어찌하겠는가.

　재봉틀을 잡는 대신, 동대문 시장과 고속버스터미널의 지하 상가를 돌아다니며 침구류를 주문받아 제작해주는 집을 찾아냈다. 내가 직접 만들지는 않았지만 전문가가 내 스타일에 어울리도록 만든 침구는 매우 만족스러웠다. 그리고 남는 시간은 미술관이나 서점, 도서관을 찾았다. 이처럼 같은 시간이라도 어떻게 사용하느냐에 따라 그 결과는 천지 차이이다.

또 하나, 나는 어린 시절부터 사람을 무서워하지 않았다. 낯선 사람을 만나도 대화를 어려워하거나 서먹해하지 않았다. 친정어머니의 말씀에 따르면 남들보다 일찍 말과 글을 깨친 나는 4~5살 꼬맹이 시절부터 동네에서 말 잘하는 아이로 소문이 났다고 한다. 그래서일까? 나는 사람들과 대화를 나누는 일이 참 즐겁다.

말하는 것만큼 듣는 것도 잘한다. 성향이 이렇다 보니 어린 시절부터 친구들의 고민을 많이 들어줬다. 지금 생각하면 다소 유치하고 귀여운 고민이지만 당시 사춘기 소녀들에게는 심각한 고민임이 분명했다. 게다가 나는 감정이입이 잘되는 편이다. 친구의 고민을 들으면 듣는 것으로 끝내야 하는데 선천적으로 그게 되지 않는다. 상대의 고민이 마치 내 일인 듯 걱정돼 어떻게든 그 문제를 해결해주려고 노력했다.

대학생활도 마찬가지였다. 연애, 진로, 가족, 인생 고민 등 분야만 넓어졌을 뿐 나는 여전히 친구들 속에서 이야기를 듣고 있었다. 결혼 후에도 비슷한 패턴이 이어졌다. 아이들 공부 문제, 남편과의 다툼, 시어머니와의 갈등으로 주제만 변화됐을 뿐이다. 돌이켜보면 이러한 시간이 있었기에 오늘의 내가 있는 듯하다. 교육 컨설턴트라는 직업이 사람에 대한 관심이 없으면 결코 할 수 없는 일이기에 더욱 그런 생각이 든다. 결국은 어려서부터 내가 제일 잘하던 일이 직업으로까지 이어졌으니 참으로 복 많은 사람이 아닌가 싶다.

주변 사람의 이야기 속에 답이 있다

특별히 하고 싶은 일, 좋아하는 일이 없다면 자신이 잘하는 일에서 무언가를 시작하는 것도 방법이다. 물론 좋아하는 일을 잘할 수 있다면 더없이 좋겠지만 안타깝게도 좋아하는 일과 잘하는 일이 다른 경우가 많다. 노래 부르기를 좋아하지만 음치인 사람도 있고 미술을 좋아하지만 유치원생 수준의 그림 실력을 가진 사람도 허다하다. 특별하게 관심이 없어도, 아주 재미있지는 않아도 분명 당신이 잘하는 일이 있을 것이다.

예를 들어 음식에 별 관심이 없는데 주변에서 요리를 잘한다고 이야기한다면 당신은 음식을 잘하는 사람이다. 아이를 특별히 좋아하지는 않지만 주변에서 아이를 잘 돌본다고 이야기하면 당신은 육아를 잘하는 사람이다. 주변 사람이 내게 무엇을 잘한다고 이야기하는지 한 번 생각해보라. 그 안에 당신이 애타게 찾던 답이 있을 것이다.

지금 곁에 있는 사람이
가장 소중한 사람이다

상대로 미당, 미련, 불평을 하지 마라. 상대의 관심사에 집중하라.
심심히 다른 관점을 이해라 마라라. 해답을 찾으려면 다음을 일심하라.
데일 카네기

미국 〈타임지〉가 선정한 가장 영향력 있는 리더십 권위자 스티븐 코비는 자신의 저서 『성공하는 사람들의 7가지 습관』을 통해 성공하고 싶으면 다음의 7가지 습관을 지니라고 말한다. 첫째, 주도적이 돼라. 둘째, 끝을 염두에 두고 시작하라. 셋째, 소중한 것을 먼저 하라. 넷째, 상호 이익을 모색하라. 다섯째, 먼저 이해하고, 이해시켜라. 여섯째, 시너지를 활용하라. 일곱째, 끊임없이 쇄신하라. 나는 여기에 하나를 덧붙이려 한다. 인맥관리의 중요성을 놓치지 마라. 요즘은 혼자 살 수 있는 세상이 아니다. 개인의 능력도 중요하지만 대인관계 능력 역시 빼놓을 수 없는 성공 포인트다.

　많은 여성이 인맥관리는 비즈니스를 하는 사람이나 하는 것 혹은 얄팍한 처세라고 생각하기 쉬운데, 절대 그렇지 않다. 실제로 하버드대학교가 1925년 설립된 세계 최고 수준의 민간 연구개발 기관인 '벨연구소' 연구원들을 대상으로 '한 사람의 성공에 인간관계가 어떤 영향을 미치는가?'를 조사한 바 있다. 조사 결과 집안의 배경으로 성공한 사람은 5퍼센트, 순수하게 개인의 능력으로 성공한 사람은 26퍼센트에 불과했지만 인맥으로 성공한 사람은 무려 69퍼센트인 것으로 나타났다.

아이의 인맥을
엄마의 인맥으로 착각하지 마라

우리나라처럼 학연, 혈연, 지연이 중요한 사회에서는 더더욱 인맥을 무시할 수 없다. 적지 않은 사람이 단지 인맥 형성을 목적으로 대학원이나, 평생교육원, 사교 클럽, 인터넷 커뮤니티를 찾을 정도다. 엄마들 역시 이런 열풍에서 제외될 수 없다.

산후조리원 인맥이 사회 인맥으로 이어진다며 강남으로 산후조리를 오는 사람도 많다. 아이에게 어렸을 때부터 좋은 인맥을 만들어주고자 사립초등학교, 특목중, 특목고, 명문대까지 코스를 짜고 이에 맞는 친구를 만들어주는 엄마도 있다. 아이를 생각하는 마음은 좋다. 그런데 이쯤에서 생각해봐야 할 문제가 하나 있다.

이는 모두 아이의 인맥이지 엄마 자신의 인맥은 아니라는 사실이다. 무슨 이야기인지 이해가 어렵거든 지금 당장 백지 한 장을 펼쳐놓고 자신의 인맥을 그려보라. 남편, 아이, 동네 지인, 학교 때 친구 몇몇을 제외하고 얼마나 더 적어 넣을 수 있는가.

여성에게도 인맥은 중요하다. 나이가 들면 인맥의 중요성을 더욱 느끼게 된다. 젊은 시절과 달리 나이 든 사람은 행동반경이 좁다. 일을 새롭게 벌이는 시기가 아니라 마무리하는 시기니 새로운 사람을 만날 기회도 점점 줄어든다. 전업주부도 이와 비슷한 상황이다. 전업주부 대부분은 아이 친구 엄마나 동네 아줌마들밖에 만날 사람이 없다. 전업주부로 지내는 생활이 길어질수록 학창 시절 친구들은 물론 옛 직장 동료와의 연락도 끊어진다. 자연히 사회성은 떨어지고 시야는 더욱 좁아진다.

스스로 노력하지 않으면 평생 우물 안 개구리처럼 자신의 세계에 갇혀 살게 된다. 우물 밖으로 뛰쳐나올 순간을 생각해서라도 인맥관리에 신경을 써야 한다.

인간관계는
영원히 아날로그일 수밖에 없다

인맥관리를 어렵게 생각하지 마라. 하루에도 몇 통씩 보내는 문자메시지만 잘 관리해도 어렵지 않게 주변을 살필 수 있다. 예를 들어 우리는 하루에도 수많은 문자메시지를 주고받는다. 그런데 이때 즉각적으로 답을 보내는 사람이 있는 반면 함흥차사인 사람이 있다.

누군가에게 메시지가 도착하면 즉각 답을 줘야 한다. 그렇지 않으면 상대는 '이 사람이 나를 무시하나?'라는 생각을 하게 된다. 한두 번 정도는 이해하고 넘어가지만 이런 일이 자주 발생하면 결국 감정의 골은 깊어진다. 어차피 문자를 보내도 답을 안 하는 사람이라는 결론이 내려지면 진짜 중요한 정보를 받아야 할 때 외면당하기 쉽다. 어려운 상황에 부닥쳤을 때 도움받기 어렵다.

하루가 다르게 디지털 기술이 발달해도 사람의 마음은 여전히 아날로그 방식으로 움직인다. 타인의 마음을 얻기 위해서는 문자메시지보다 목소리로, 목소리보다는 얼굴을 마주하고 대화를 나누는 게 훨씬 효과적이다.

지금처럼 휴대전화가 보편화되지 않았던 시절, 나는 매해 연말이면 새로운 전화번호 수첩을 마련해 손으로 일일이 번호를 옮겨 적었다. 다이어리도 아니고 전화번호 수첩을 군이 바꿀 필요는 없었지만 일 년에 한 번씩 전화번호를 정리하며 사람들과의 관계를 돌아보곤 했다. 소원해진 친구에게는 먼저 전화를 걸어 안부를 묻고, 고마운 사람에게는 다시 한 번 감사의 마음을 전했다. 적어도 분기에 한 번 정도는 수첩에 적힌 모든 사람에게 연락하고 안부를 물었던 기억이 난다.

이제는 스마트폰 덕분에 수첩에 일일이 번호를 적어야 하는 수고는 사라졌다. 하지만 나는 여전히 시간이 날 때마다 스마트폰에 저장된 전화번호를 찬찬히 살펴보며 혹여 소원해진 친구는 없는지, 감사의 인사를 전해야 할 사람은 없는지 찾아본다. 사람이 살아가면서 지켜야 하는 기본 도리 중 하나가 안부 전화라는 생각 때문이다.

행복한 관계의 비결,
익숙함에 속아 소중함을 잃지 말 것

늦은 나이에 다시 일을 시작했지만 비교적 짧은 기간에 나를 알릴 수 있었던 것은 인적 네트워크 덕분이다. 과거 EBS의 〈학교란 무엇인가〉라는 프로그램을 통해 방송에 처음 출연했을 당시 나의 출연 분량은 매우 미비했다. 이름이 알려지지 않았고 방송 경험도 없는 사람에게 기회를 준 게 고마워서 처음부터 출연 분량은 문제 되지 않았다. 방송이 끝난 후에도 열심히 모니터한 후 작가와 PD에게 내 의견을 전달하고, 함께 방송할 수 있어서 고마웠다는 감사 인사도 잊지 않았다.

잘 알다시피 나는 오랜 시간 가정에 있다가 뒤늦게 사회라는 곳에 나왔다. 덕분에 사람과의 인연이 얼마나 소중하고 고마운 것인지 그 누구보다 잘 알고 있다. 누구를 만나건 진심을 다했고 일할 때는 상대에게 피해 주지 않도록 최선을 다했다. 이런 나의 진심이 상대에게 전달됐던 모양이다. 첫 방송을 함께한 사람들이 다른 프로그램에도 나를 추천해줬던 것을 보면.

내게 강사로서 전환점을 만들어준 tvN의 〈스타특강쇼〉도 잊을 수 없는 기억이다. 워낙 큰 무대이기도 했지만 프로그램 작가에 대한 감사함이 매우 크기 때문이다. 〈스타특강쇼〉 출연 이후 〈이승연과 100인의 여자〉에도 나를 추천해줬으니 어찌 고맙지 않을 수 있겠는가?

〈스타특강쇼〉에 출연할 때만 해도 나는 무명에 가까운 사람이었다. 전문 강사라는 타이틀을 단 지 얼마 지나지 않았을 때라 내가 감당하기에는 너무 큰 무대였다. 녹화 시작 전, 대기실에 앉아 있는데 참을 수 없는 긴장감이 몰려왔다. 500명을 앞두고도 떨지 않는 사람인데 무슨 일인지 미친 듯이 떨려오는 심장을 멈출 길이 없었다.

간신히 마음을 진정시키고 무대에 올라 객석에 앉은 사람들의 얼굴을 하나하나 바라봤다. 나에게 집중하고 있는, 나의 이야기를 들을 준비가 돼 있는 사람들의 얼굴을 마주한 순간 놀랍게도 마음이 차분해졌다. 덕분에 오랜 시간 공들여 준비해온 모든 이야기를 큰 실수 없이 전달할 수 있었다.

녹화 후 방청석에 있던 사람들로부터 '어찌 그렇게 우리 마음을 잘 아느냐' '어떻게 우리가 듣고 싶은 이야기만 골라서 할 수 있었느냐'라는 이야기를 들었다. 나 역시 평범한 엄마로 지내온 세월이 길었기에 상대의 마음을 잘 이해하고 공감할 수 있었던 듯싶다. 당시 객석에 앉은 사람들과 교감을 나눴던 그 벅찬 순간은, 아마 죽을 때까지 잊지 못할 것이다.

상대의 마음을 얻으려면
상대가 원하는 말을 하라

언젠가 한 다큐멘터리에서 시골에 사는 한 초등학생이 제 몸보다 큰 송아지와 씨름하는 모습을 보았다. 소년은 송아지를 우리에 넣으려고 안간힘을 썼지만 무슨 일인지 송아지는 우리 앞에 서서 버티기 시작했다.

멀리서 이 모습을 지켜보던 할아버지가 소년 앞으로 다가왔다. 그리고 단 3초 만에 송아지를 우리 안으로 몰아넣었다. 어떻게 이런 일이 가능했을까? 할아버지가 한 일이라고는 그저 송아지의 입에 엄지손가락을 내민 것뿐이었는데 말이다.

"아이고 이 녀석아. 엄마 젖이 먹고 싶어서 버티고 있는 송아지를 힘으로 끌면 되겠느냐? 세상은 힘보다 상대의 마음을 읽어서 해결되는 게 더 많은 법이다."

그렇다. 상대의 마음을 얻으려면 내가 원하는 것이 아니라 상대가 원하는 것을 파악해야 한다. 내가 하고 싶은 말이 아니라 상대가 듣고 싶은 말을 먼저 해야 한다. 사람은 누구나 자신이 이해받고 있다고 느낄 때 무장해제 된다.

상대에게 즐거운 사람으로 기억되자

러시아의 대문호 톨스토이에게는 평생 세 가지 의문이 있었다고 한다.

첫째, 세상에서 가장 중요한 시간은 언제인가?

둘째, 세상에서 가장 중요한 사람은 누구인가?

셋째, 세상에서 가장 중요한 일은 무엇인가?

이에 대해 톨스토이는 다음과 같은 결론을 내렸다.

"세상에서 가장 중요한 시간은 현재이고 가장 중요한 사람은 지금 내가 대하고 있는 사람이며, 이 세상에서 가장 중요한 일은 지금 내 곁에 있는 사람에게 선(善)을 행하는 일이다. 인간은 그것을 위해 세상에 온 것이다. 그러므로 당신은 날마다 그때그때 그곳에서 만나는 사람에게 사랑과 선을 다해야 한다."

나 역시 비슷한 생각이다. 좋은 관계를 위해 다음 세 가지를 항상 염두에 둔다.

첫째, 늘 한결같은 사람이 돼야 한다. 평소에는 연락 한 번 없다가 자신이 필요할 때만 찾는 사람, 처음에만 잘하고 시간이 지날수록 변하는 사람, 매번 문자메시지에 답변이 없는 사람은 좋은 관계를 만들 수 없다.

둘째, 상대에게 즐거운 사람이 돼야 한다. 바쁜 시간을 쪼개서 만났는데 함께 있는 시간 내내 불평불만만 늘어놓고, 무엇을 해도 시큰둥한 반응을 보이는 사람과는 다시 만나고 싶지 않다. 가족, 친구, 비즈니스 등 그 어떤 관계에도 예외는 없다.

관계는 상호 만족도가 중요하다. 만족도가 높으면 좋은 관계로 유지되지만, 만족도가 낮으면 점점 서로 멀어진다. 그래서 나는 누구를 만나든 긍정적인 에너지를 발산하려고 노력한다. 또 지금 만나는 사람이 내게는 가장 중요한 사람이라고 생각하고 상대에게 집중한다. 상대의 이야기에 귀를 기울이고 집중하는 모습이야말로 상대의 마음을 여는 가장 좋은 열쇠다.

셋째, 작은 배려는 관계의 윤활유가 된다. 나는 새로운 일을 시작할 때마다 함께 일하는 사람들과 식사를 하고 작은 선물이라도 건넨다. 그렇게 해야 내 마음이 편하고 즐겁기 때문이다. 단지 내 마음 편하자고 하는 일인데 상대도 행복해지니 이보다 더 좋은 관계의 윤활유가 어디 있겠는가.

성공은 혼자 오지 않는다고 한다. 성공은 내 힘으로만 이루는 게 아니라 주변에서 도와주는 사람들의 힘으로 함께 만드는 것이라는 말도 있다. 앞으로 남은 인생을 행복하게 살기 위해서는 나를 도와주는 좋은 에너지가 주변에 많아야 한다.

풍요로운 삶은 풍요로운 관계가 만든다. 아이의 등만 바라보지 말고 주위로 시선을 돌리자. 지금부터라도 나를 도와줄 진짜 내 편 만들기에 힘을 기울이자. 그것이 당신 인생 후반전에 어떤 영향을 미칠지는 그 누구도 알 수 없다.

두말할 것도 없이 주부의 희생과 노력은 충분히 가치 있는 일이며 존경받아 마땅하다. 여성의 희생이 있기에 남편은 마음 편히 사회생활을 이어갈 수 있으며, 아이는 정서적 안정을 느끼며 건강하게 성장하는 것이다. 사회에서는 임신, 출산, 육아 때문에 직장을 그만둔 여자를 경력단절여성이라고 부르지만 그녀들은 경력이 단절된 게 아니다. 엄마라는 이름의 또 다른 인생 경력을 쌓고 있을 뿐이다.

CHAPTER 4

당신은 지금도
잘하고 있다

도약을 꿈꾸는
당신을 위한 성공 예습법

꿈이 없는 게 아니라
꿈꾸는 방법을 모르는 것뿐이다

할 수 있다는 믿음을 가지면 처음에는 그런 능력이 없을지라도,
결국에는 할 수 없는 능력을 가지게 된다.

마하트마 간디

"여러분 중에서 10대, 20대에 가졌던 꿈을 이룬 분이 있으면 손 한번 들어보세요."

나는 가끔 강연 도중 청중을 향해 위와 같은 질문을 던진다. 이때 100여 명이 넘는 이들 중 손을 드는 사람은 대략 서너 명에 불과하다. 대부분은 시선을 피하거나 '무엇 때문에 그런 질문을 던지느냐'는 의문스러운 눈길로 나를 바라본다. 개중 몇몇은 심각한 표정으로 깊은 고민에 빠져 있음을 알린다.

언젠가 손을 들까 말까 망설이는 모습이 보이는 한 여성에게 물었다.

"왜 꿈을 이루지 못한 것 같으세요?"

"글쎄요. 정말 간절한 꿈이 없었던 것 같아요. 그저 주어진 환경에 맞춰 살다 보니 지금의 내가 됐어요."

강연장에 앉아 있던 많은 사람이 같은 심정이라는 표정으로 고개를 끄덕였다.

꿈을 이룬 사람보다 꿈을 이루지 못한 사람, 꿈이 있는 사람보다 꿈이 없는 사람이 더 많은 현실이다. 아무 생각 없이 하루하루 살며 어쩌다 보니 지금의 내가 됐다는 사람이 대다수다. 그들이 남보다 노력을 덜 했다거나 게을렀던 것도 아닌데 말이다.

선착순으로 선택한 첫 직장

나 역시 마찬가지다. 학창 시절에는 학교와 집을 오가며 공부만 했다. 공부를 열심히 하긴 했지만 뚜렷한 목적이나 꿈이 있었던 건 아니다. 대다수 학생이 그러하듯 원하는 대학에 입학하는 것이 꿈이라면 꿈이었을지도 모른다. 대학생만 되면 인생이 크게 달라질 줄 알았기 때문이다. 정확하게 설명할 수는 없지만 대학에 가면 영화나 드라마에서 일어나는 멋진 일들이 펼쳐질 것 같았다. 하지만 현실이 어디 그러한가.

특히 80년대 학번이라면 잘 알겠지만 당시 대학생활은 낭만과 거리가 멀었다. 캠퍼스는 연일 최루가스로 얼룩졌고 학생들은 학과 수업보다 집회에 참석하는 일이 더 많았다. 혼란스러웠던 4년의 대학생활이 그렇게 지나가고 어느새 졸업반이 되었다.

그해 가을, 학과장님이 추천한 A 회사의 면접을 봤다. 몇 주 후에는 B 회사의 면접이 있었다. 두 곳 모두 합격했고 첫 번째 면접 본 회사에 입사하기로 결정했다. 생애 첫 직장마저 선착순으로 선택했으니 지금 생각해보면 참 어이없는 일이다.

요즘은 삼포세대(연애·결혼·출산을 포기한 세대)를 넘어 칠포세대(연애·결혼·출산·대인관계·내 집 마련·꿈·희망을 포기한 세대)까지 등장할 정도로 취업이 하늘의 별 따기보다 어렵다고 한다. 하지만 부동산이 사상 유례없는 폭등기를 맞은 80년대에는 상황이 달랐다. 건설 경기가 살아나면서 내수가 활성화됐고, 덕분에 일자리가 넘쳐났다. 특히 나 같은 외국어 전공자는 어딜 가든 우대를 받던 호시절이었다.

얼떨결에 시작한 직장생활은 즐거웠다. 내가 가진 능력을 인정받고 그 대가로 돈을 벌 수 있다는 사실도 놀라웠다. 하지만 그 즐거움은 오래가지 못했다. 결혼 후 3년 만에 임신했는데, 초음파 검사에서 아이의 심장이 뛰지 않는다는 진단을 받았던 것이다. 병원에서는 당장 입원을 권유했다. 휴직하고 무려 4개월 동안 병원 침대에 묶여 있었지만 결국 아이를 잃고 말았다.

누구에게나 삶의 돌파구는 필요하다

커다란 상실감을 추스르고 회사에 복귀했다. 얼마 지나지 않아 기대치도 않던 두 번째 아이가 생겼다. 그런데 이번에도 유산의 조짐이 보였다. 내 상황을 누구보다 잘 알고 있던 직장 상사가 이야기했다.

"미안하지만 지금 자네에게 중요한 건 일이 아니라 아이를 지키는 것이야."

결국 자의 반 타의 반으로 퇴사를 결심했다. 마지막 업무를 끝내고 집에 돌아오는 길, 내 뒤로 거대한 문 하나가 철컥 닫히는 느낌을 받았다. 그것으로 나의 사회생활은 끝났다.

내 나이 서른 살, 첫아이가 태어났다. 아이가 태어난 후 비로소 나와 남편은 온전한 가족이 된 기분이 들었다. 하지만 그것도 잠시, 어제가 오늘 같고 오늘이 내일 같은 날들이 이어졌다. 아이를 먹이고, 입히고, 씻기고, 재우다 보면 하루가 다 지나갔다. 도저히 끝나지 않을 것 같은 시간들을 나는 그저 견뎌내고 있었다.

내 인생에 내가 없는 시간, 아이와 남편만 존재하는 세상에서 살다 보니 내 자신이 한없이 작아졌다. 남편의 사소한 말에도 상처받는 날이 늘었다. 남편이 서운한 내 마음을 알아주고 위로해주길 바랐지만 그 사람 역시 이제 막 사회생활을 시작한 새내기였다. 가장이라는 무게를 짊어지기 위해 고군분투하느라 나를 챙겨줄 여력이 없었다. 남편 또한 나에게 힘든 회사생활의 스트레스를 토로하고 위로받기를 원했다. 한 가정을 이끌어나가기에 우리 두 사람은 너무 어렸다. 나와 가족의 행복을 위해서 돌파구를 찾아야만 했다.

앞서 말했듯 내게 돌파구는 공부였다. 당시에는 거창하게 꿈이나 비전이라는 단어를 떠올리지 못했지만 새로운 무언가를 배우는 과정을 통해 자연스럽게 하고 싶은 일을 찾았다. 학창 시절에도 없던 꿈이 서른이 넘어 생겼다. 당시에는 그것이 꿈이

라는 사실조차 몰랐지만, 결국 공부가 하고 싶은 일 그리고 앞
으로 해야 할 일을 만들어준 것이다.

꿈이 없던 나, 꿈에 다가서다

텔레비전에서도 책에서도 꿈을 가지라고 외치는 시대다. 꿈이
없는 사람은 죽은 사람이며 비전이 있는 사람만이 성공하고 세
상을 바꾼다고 이야기한다. 하지만 모든 사람이 같은 질량의 꿈
을 꿀 수는 없다. 10대 청소년의 꿈과 20대 직장인의 꿈, 30대
주부의 꿈은 다를 수밖에 없고 또 달라야만 한다.

　10대, 20대의 꿈이 무에서 유를 창조하는 것이라면 30대 이
상의 꿈은 내 안에 있는 작은 씨앗 하나를 소중하게 키워 꽃을
피우는 것이다. 그러기 위해서는 가장 먼저 내 안에 있는 작은
씨앗을 찾아야 한다.

　앞서 이야기했듯 나 역시 30대까지 별다른 꿈이 없는 사람이
었다. 무언가 되고자 하는 것도 없었고 특별히 하고 싶은 것도
없었다. 그런 상황에서도 끊임없이 무언가를 배웠던 것을 보면
무의식적으로 내 안에 있는 작은 씨앗 찾기를 게을리하지 않았

던 듯싶다. 하고 싶은 게 없는 게 아니라 무엇을 해야 할지 몰랐던 게 아닐까? 꿈이 없는 게 아니라 단지 꿈꾸는 방법을 알지 못했던 게 아닐까?

파랑새는 결국 나와 가까이에 있다. 너무 멀리 있는 것은 내 꿈이 될 수 없다. 손을 뻗으면 잡을 수 있을 만큼 가까운 거리에 있는 게 바로 나의 꿈이다. 자기 몸에 맞고 어울리는 옷을 입어야 아름다운 것처럼 꿈도 내 안에 있는, 자기와 어울리는 것을 찾아야 더욱 빛난다.

꿈과 목표를 구체적으로
적어야 하는 진짜 이유

인생을 바꾸려면 지금 당장 시작해 눈부시게 실행하라.
예외는 없다.
— 윌리엄 제임스

과거 서양에서는 교수형에 처할 때 사형수를 양동이 위에 올라가게 한 후 목에 밧줄에 맸다고 한다. 바로 여기서 유래된 말이 버킷(bucket : 양동이) 리스트다. 한마디로 버킷 리스트란, '죽기 전에 꼭 해야 할 일들의 목록'을 의미한다.

사실 버킷 리스트라는 말이 대중화된 것은 불과 10여 년 전이다. 2007년 잭 니컬슨과 모건 프리먼 두 거장의 만남으로 화제를 모았던 영화 〈버킷 리스트〉가 개봉된 후 전 세계적으로 널리 알려지기 시작한 단어다. 참고로 영화 〈버킷 리스트〉는 암에 걸려 6개월 시한부 선고를 받은 두 노인이 '죽기 전에 꼭 하고 싶은 일'의 목록을 작성한 후 이를 실행에 옮기기 위해 함께 여행을 떠나는 내용을 담고 있다.

죽음을 앞둔 사람들이 가장 아쉬워하는 것, 후회하는 것, 하고 싶어 하는 것, 이루고 싶어 하는 꿈은 과연 무엇일까? 여기에는 정답도 없고 누가 해답을 줄 수 있는 일도 아니다. 답은 우리 안에 있다. 본인 스스로 찾아내야만 한다.

답은 내 안에 있다

얼마 전, 강의 자료를 만들다가 우연히 오래된 자료 하나를 발견했다. 기억을 떠올리니 학습 코칭 전문가 과정 프로그램을 들을 때 숙제로 작성했던 드림 리스트였다. 태어나서 처음 써보는 드림 리스트였기에 하얀 종이를 앞에 두고 오랜 시간 고민했던 기억이 났다. 막연하게 교육 컨설턴트가 되겠다는 꿈은 있었지만 구체적인 목표는 생각해보지 않은 상태였기 때문이다. 긴 고민 끝에 하나하나 적어 내려갔다.

나의 드림 리스트

1. 1:1 상담 사례를 모은다.
2. 관련 도서를 많이 읽는다.
3. 많은 강의를 경험한다.
4. 내 책을 집필하고 출판한다.
5. 상담 심리 과정을 배운다.
6. 연구소(상담 센터)를 운영한다.

이 중 1, 2, 5번은 언제든 실현이 가능한 것이었다. 문제는 3, 4, 6번이었다. 평범한 가정주부로 살아온 내가 강의를 하고 책을 쓰고 연구소를 운영하는 일이 가능할까 싶었다. 하지만 꿈은 말 그대로 꿈이다. '현실이 가난하다고 꿈조차 가난하지 말라'는 말도 있지 않은가. '뭐 어때? 말 그대로 드림 리스트인데. 되든 안 되든 일단 쓰고 보는 거지' 그렇게 작성된 리스트였다.

그런데 당시 작성한 드림 리스트의 내용이 모두 이루어졌다. 정말 기적 같은 일이다. 어떻게 이런 일이 가능할 수 있었을까?

구체적인 목표는 그만큼 힘이 세다. 구체적인 목표는 생각과 행동부터 다르게 만든다. 강연, 상담, 집필이라는 구체적인 목표가 생기자 세상 모든 것이 허투루 보이지 않았다. 읽고, 듣고, 말하고, 보는 모든 것이 연구소 운영을 위한 준비 과정이 됐다.

드림 리스트를 작성하는 3가지 방법

누구나 한번쯤은 새해를 맞아 다이어리를 사고 그 안에 이루고 싶은 소망을 빼곡히 적어본 경험이 있을 것이다. 하지만 대다수의 소망은 세상 밖으로 나오지 못하고, 그해 12월 낡은 다이어리와 함께 휴지통 속으로 사라진다. 이런 씁쓸한 경험을 반복하다 보면 어느새 꿈은 점점 멀어져간다. 그래서 많은 이가 '적는다고 뭐가 달라지겠어? 어차피 꿈은 이루어지지 않아'라고 생각한다.

문제는 드림 리스트가 아니라 소망을 구체화하는 방법이다. '살을 뺀다' '예뻐진다' '저축한다' '대학원에 진학한다' 등 막연하게 줄줄이 늘어놓는 꿈은 이루기 어렵다. 드림 리스트를 작성할 때도 원칙이 있다.

다음은 드림 리스트 작성의 3원칙이다.

첫째, 이루고 싶은 일을 분류하라. 사고 싶은 것, 갖고 싶은 것, 배우고 싶은 것, 먹고 싶은 것, 아이와 하고 싶은 것 등 원하는 일을 항목별로 분류해서 작성한다. 꿈은 많을수록 좋다. 그러니 분류 항목이나 숫자에 제한을 두지 말자.

둘째, 구체적으로 써야 한다. 예를 들어 '다이어트 하기'는 너무 막연해서 현실적으로 이루기 어렵다. '밥 두 숟가락 덜 먹기' '하루 30분 걷기' 등과 같이 자세하고 구체적으로 써야 한다.

아이와 좋은 관계로 지내고 싶은 꿈이 있다면 추상적으로 '아이에게 잘해주기'가 아니라 '아이와 매주 수요일 저녁에 산책하기' '하루 한 번 안아주기' '일요일 아침은 반드시 같이 먹기' 등 직접적이고 구체적인 행동을 써야 한다.

사고 싶은 것이 명품 가방이라면 정확한 브랜드와 모델명을 쓴다. 이때 사진까지 붙여놓으면 금상첨화다. 스마트폰 바탕화면에 이루고 싶은 꿈을 써놓거나 사진으로 담아두는 것도 좋은 방법이다. 매일 눈으로 보면서 다짐을 하면 점점 더 꿈과 가까워짐을 느낄 수 있다.

셋째, 드림 리스트는 단 한 번의 작성으로 끝나는 게 아니다. 적지 않은 시행착오를 거치는 과정에서 구체적인 소망이 생겨나는 것이다. 미처 발견하지 못했던 소망을 발견할 때까지, 최종 목표를 달성할 때까지 드림 리스트를 업그레이드해야 한다. 그러면 마법처럼 드림 리스트가 이뤄지는 순간이 온다.

가족의 응원과 지지를 얻어라

나처럼 전업주부로 살다가 뒤늦게 자신의 꿈을 찾아 제2의 인생을 사는 여성들에게는 몇 가지 공통점이 있다. 그중 하나가 '나와 가족의 소망이 일치하는 꿈을 가진 사람'이었다는 사실이다. 나의 꿈이 가족의 지지를 받을 수 없거나 가족을 외면하고 그들의 희생을 불러오는 것이라면 현실적으로 이루기 어렵다. 아내, 엄마의 자리를 버리겠다는 독한 각오가 있지 않다면 그 꿈은 포기하는 게 맞다. 여성이 꿈을 이루기 위해서는 반드시 가족의 응원과 지지가 필요하다.

드림 리스트 작성 사례

장기 계획 (10년 이상)	비전	당신이 삶에서 이루고 싶은 가장 큰 목표는 무엇인가? 인생의 가치, 철학 등 그 무엇이든 좋다. 내용 :
	미션	당신의 존재 가치는 어디에서 비롯되는가? 나를 아는 사람들, 내가 속한 사회에 어떤 기여를 하고 싶은가? 내용 :
	가치	당신이 살아가는 평생 동안 어떤 덕목이 필요하겠는가? 아래에서 선택해도 좋다. ex) 책임, 헌신, 공감, 창조, 규칙, 최선, 공정, 재미, 관용, 상호성, 감사, 정직, 겸손, 정도, 균형, 신의, 열정, 긍정적 태도, 존중, 봉사 내용 :
	연령대별 목표	20대
		30대
		40대
		50대
		60대
		70대
		80대
		90대
	활동 유형별 목표	하고 싶은 일
		되고 싶은 것
		배우고 싶은 것
		가지고 싶은 것
		만나고 싶은 사람
		가고 싶은 곳
		기타

중기 계획 (5년 내외)	**목표**	당신의 인생을 무엇으로 평가하겠는가? - 지식자원(학력, 읽은 책의 수, 자격증, 학습량, 참석한 세미나 수) - 인적자원(지인의 수, 모임의 수) - 재무자원(소득, 재산) - 기타

목표를 달성하기 위해 해결해야 할 과제는 무엇인가?

	공부	
전략	인맥	
	저축	
	수익	
	부동산	
	활동	
	노력	
	봉사	

1년 이내 이뤄야 할 목표는 무엇인가? 무엇을 언제까지 이뤄낼 것인가?

단기 계획 (1년 이내) — 우선 과제

기한	과제	방법

당신은 인생의
목표가 있습니까?

또 다른 목표를 세우거나 새로운 꿈을 꾸기에
너무 늦은 나이란 없다.
— 레스 브라운

하버드대학교에서 지적 능력과 학력, 환경이 비슷한 젊은이를 대상으로 '목표가 인생에 미치는 영향'에 대해 장기적인 연구를 진행했다. 연구를 처음 시작할 당시 목표가 없는 사람은 27퍼센트, 불확실한 목표를 가진 사람은 60퍼센트, 뚜렷하지만 단기적인 목표를 가진 사람은 10퍼센트, 뚜렷하고 장기적인 목표를 가진 사람은 3퍼센트였다.

20년 후 연구팀은 현재 그들이 어떤 인생을 살고 있는지 추적 조사했다. 그 결과 목표가 없던 27퍼센트의 사람들은 불평불만을 입에 달고 다니며 불만족스러운 삶을 살고 있었다. 불확실한 목표를 가지고 있던 60퍼센트의 사람들은 비교적 안정적인 직업을 가지고 있었지만 특별한 성공은 거두지 못했다. 단기적인 목표를 가지고 있던 10퍼센트의 사람들은 각 분야의 전문가로 활동하고 있었고, 장기적인 목표를 가지고 있던 3퍼센트의 사람들은 각계의 저명인사가 돼서 성공적인 삶을 살고 있었다. 놀랍게도 20년 전 자신이 하고 싶은 일이 무엇인지 알고, 그에 따른 목표를 세웠느냐 아니냐에 따라 전혀 다른 인생을 살고 있었던 것이다.

인생의 큰 그림을 그려라

지금 당신의 다이어리를 펼쳐보자. 스마트폰의 어플이라도 좋다. 1년 후, 5년 후, 10년 후 이루고 싶은 목표가 적혀 있는가? 지금까지 단 한 번도 중장기 계획을 세워보지 않았다면 지금이라도 이를 세우려는 노력이 필요하다. '꿈을 날짜와 함께 적어놓으면 목표가 되고, 목표를 잘게 나누면 계획이 되며, 그 계획을 실행에 옮기면 꿈은 현실이 된다'는 말도 있지 않은가.

강연 중 엄마들에게 '10년 후 목표가 무엇이냐?'고 물으면 대부분 아이를 좋은 대학에 보내는 것, 아이를 좋은 직장에 취직시키는 것, 내 집을 마련하는 것이라고 대답한다. 이도 아니면 '먹고살기 바빠서 10년 후를 생각해본 적이 없다'고 한다. 나는 이런 사람들에게 묻고 싶다. 더 이상 인생의 목표와 꿈을 가질 필요가 없을 정도로 지금의 삶에 만족하느냐고. 혹시 그렇다면 10년, 20년 후에도 지금처럼 변함없이 만족스럽고 행복하게 살 수 있겠느냐고 말이다.

목표가 생기면 삶에 대한 자세가 달라진다

몇 년 전, 초등학생 두 아들을 둔 30대 후반의 여성이 상담실을 찾았다. 아이의 학업 문제로 시작된 우리의 대화는 어느새 10년 후 어떤 삶을 살고 싶은가에 대한 이야기로 이어졌다. 그로부터 몇 주 후 그녀는 상기된 표정으로 상담실을 다시 찾았다. 그녀에게는 안정된 직장을 가진 남편이 있었지만 이에 만족하지 않고 새로운 인생을 준비하기로 결심했다는 것이다.

"두 아이 엉덩이만 바라보다가 인생을 마무리하고 싶지 않아요. 더 늦기 전에 제 삶을 찾고 싶어요. 지금 시작해도 늦지 않겠죠?"

"그럼요. 지금 시작해도 충분합니다."

10년 후 어린이집 원장이 되겠다는 목표를 세운 그녀. 이후 그녀의 삶은 180도 달라졌다. 매일 아침 두 아이를 학교에 보낸 후 아침 드라마로 시간을 보내던 그녀가 이제는 아이들과 함께 등굣길에 나선다. 보육교사 양성 과정을 이수하기 위해 대학교 평생 교육원에 등록했기 때문이다.

요즘 그녀는 매일 오후, 아이들과 함께 책상에 앉는다. 책상에 앉아 아이들의 숙제를 돌봐주는 동시에 자신의 과제를 수행하고 있다. 2년 뒤 보육교사 자격증을 취득하겠다는 목표가 그녀는 물론 가족의 라이프 스타일을 바꿔놓은 것이다. 이처럼 이루고 싶은 목표가 생기면 삶을 대하는 자세와 태도가 적극적으로 변한다. 해야 할 일이 있고, 하고 싶은 것도 많으니 쓸데없이 시간을 낭비하지 않게 된다.

당장 실현 가능한 목표가 아니더라도 6개월 후, 1년 후, 3년 후 하고 싶은 일을 계획해보자. 10년 후의 삶을 그려보면 더욱 좋다. 내 인생에 장기 플랜이 있다면 빈 둥지 증후군도, 남편의 은퇴로 닥칠 위기도 어렵지 않게 이겨낼 수 있다.

지금의 나보다 더 나은
나를 만나기 위해 애써라

나의 다이어리에는 이미 몇 개월 후의 스케줄이 적혀 있다. 목표와 계획보다 일정이 더 많아진 건 불과 몇 년 전부터다. 이렇게 되기까지 적지 않은 시간이 걸렸다. 그 고단하고 막막한 과정이 없었다면 오늘의 나도 없었을 것이다.

　과거에도 그랬지만 언제나 나는 다른 사람과 나 자신을 비교하지 않는다. 그저 지금의 나보다 더 잘하려고 애쓴다. 지금의 나보다 더 나은 나를 만나기 위해서는 중장기 계획이 꼭 필요하다. 만약 오늘 하루를 투자해 일주일을 바꿀 수 있다면, 한 달을 투자해 일 년을 바꿀 수 있다면, 일 년을 투자해 남은 30년을 변화시킬 수 있다면 도전해볼 만한 가치가 있지 않겠는가?

지금 당신이 할 수 있는
가장 쉬운 일, 불평불만

생각이 얼마나 강력한지 깨닫는다면
다시는 부정적인 생각을 하지 않을 것이다.
– 피스 필그림

얼마 전 상담실을 찾은 30대 후반의 주부가 흥분이 채 가시지
않은 목소리로 초등학생 딸과 나눈 이야기를 들려줬다.

"엄마, 나는 크면 엄마처럼 되고 싶어."

"정말? 왜? 엄마가 그렇게 멋져? 엄마 감동 먹었어! 우리 딸
너무 고마워."

"아빠는 회사 가고 나는 학교 가는데 엄마는 만날 집에서 놀

잖아. 엄마가 세상에서 제일 편한 사람 같아."

어린아이 눈에는 집에 있는 엄마가 그저 노는 것으로 보였던 모양이다. 밥하고 설거지하고 청소하고 가족 뒷바라지하는 모습이 일로 느껴지지 않은 것이다.

"아니, 선생님. 이게 말이 돼요? 미용실 갈 시간이 없어서 이렇게 산발을 하고 다니는데, 다른 엄마들 다하는 운동할 시간이 없어서 매일 집에서 훌라후프만 돌리는데…. 아무리 아직 어리다지만 매일 집에서 노는 엄마라니. 기가 막혀서 말이 안 나오더라고요."

누구 하나 알아주는 사람 없이 집안일을 홀로 해내는 전업주부의 서러움을 또 한 번 느끼는 순간이었다. 나도 전업주부로 지낸 세월이 적지 않으므로 엄마들이 집에서 종종걸음으로 바쁘게 뛰어다니는 걸 잘 안다. 하나에서 열까지 엄마 손길이 필요한 아이들 뒤치다꺼리를 하고 있으면 '저것들이 언제 커서 사람 노릇을 하나'라는 생각이 절로 드는 것도 안다. 하지만 이런 시기는 생각보다 길지 않다.

아이가 성장하면 할수록 엄마의 여유 시간은 눈에 띄게 증가한다. 청소, 빨래, 설거지 등 자질구레한 집안일이 얼마나 많은

데 그런 소리를 하느냐고 반문하는 사람도 있을 줄 안다. 솔직히 말해서 이런 일들은 마음만 먹으면 두세 시간 안에 후다닥 해치울 수 있다. 문제는 그 나머지 시간이다.

홈쇼핑, 아침 드라마,
엄마들의 잦은 모임을 경계하라

하버드대학교의 제임스 앨런 교수에 의하면 인간은 깨어 있는 시간 중 무려 90퍼센트 이상을 아무것도 하지 않은 채 흘려보낸다고 한다. 겉으로는 무언가 끊임없이 행동하며 바쁘게 보내는 것 같지만 속내를 들여다보면 의미 없이 버려지는 시간이 많다는 이야기다. 전업주부는 직장을 다니는 여성에게 '당신은 퇴근 시간이라도 있지 않으냐'며 부러워하고, 직장을 다니는 여성은 전업주부더러 '집에 있는 시간이 많아서 좋겠다'고 이야기한다. 그런데 실상은 양쪽 모두 많은 시간을 의미 없이 흘려보내고 있는 것이다.

특히 아이 뒤꽁무니만 쫓아다니는 생활에 익숙한 여성들은 아이가 어린이집이나 유치원 혹은 초등학교에 진학한 후 생기는 여유 시간을 감당하지 못한다. 소파와 한몸이 되어 드라마 재방송을 보거나 동네 엄마들과 수다를 떠는 것으로 무료함을 달랜다. 처음 자유를 누리는 사람에게 이런 시간은 꿀처럼 달콤하게 느껴질 것이다. 하지만 듣기 좋은 콧노래도 한두 번이다. 휴식 같은 일상이 매일 반복되면 우울감과 무기력에 빠지기 쉽다. 일터와 쉼터가 쉽게 구분되지 않는 전업주부의 환경이 이러한 현상을 더욱 부추긴다.

더 이상 무의미하게 시간을 낭비하지 않으려면 지금 당장 세가지를 끊어야 한다. 홈쇼핑, 아침 드라마, 엄마들의 잦은 모임이 바로 그것이다. 엄마들의 커뮤니티에 대해서는 앞에서도 이야기했으므로 여기에서는 텔레비전에 대해 이야기해보려 한다.

수동적인 삶에서 벗어나기

딱히 재미있지 않아도 일단 켜두고서 자꾸 시선을 주는 게 텔레비전이다. 멍하니 화면을 보고 있으면 자신도 모르게 모든 사고와 생각이 멈춰 버린다. 생각뿐만 아니라 행동도 멈춘다.

"텔레비전을 끄면 딱히 할 일이 없어요. 집에 혼자 있는데 뭘

하겠어요?"

종종 이와 같이 반문하는 이들이 있다. 이런 스타일의 질문을 하는 사람은 자기주도적으로 무언가를 해본 적이 없는 사람이다. 남이 요구하는 수동적인 삶에 익숙해진 사람은 자신에게 주어진 시간을 주체적으로 활용할 줄 모른다. 단 한 번도 스스로 무언가를 계획하고 시도해본 적이 없으므로 드라마를 보며 무료한 시간을 달래는 것이다. 텔레비전을 끄면 할 일이 많아진다. 무엇을 해야 할지 모르겠거든 지금 당장 인터넷을 접속해 집 근처 문화센터의 강좌라도 살펴보라.

많은 여성이 그렇듯 나 역시 전업주부였을 당시 특별한 약속이 없으면 굳이 화장하거나 옷을 차려입지 않았다. 행여 약속이 생기더라도 불특정한 것이어서 생활에 긴장감을 주지는 못했다. 그런데 센터 강좌를 듣기 시작한 후 작은 변화가 일어났다. 규칙적으로 어딘가를 나간다는 사실에 기분이 좋아졌고, 매주 만나는 사람들에게 초라해 보일까 싶어 나 자신을 꾸미기 시작했다. 강의를 듣기 위해 준비하는 시간, 집과 센터를 오가는 이동 시간, 집에 돌아와 그날 배운 것을 정리하는 시간까지 모두 합치면 하루 네다섯 시간이 금방 지나갔다. 지루하거나 무료할 틈이 없었다.

오늘의 나는
과거 행동의 총합이 만들어낸 결과물이다

시간이 없다고 투덜대지 말고 남아도는 시간을 어떻게 하면 유용하게 쓸지 고민해야 한다. 불평불만은 지금 당신이 할 수 있는 가장 쉬운 일이다. 하지만 이는 당신에게 그 어떤 변화와 발전도 가져오지 않는다. 어떤 선택과 결정을 하든 그 모든 것은 당신 마음이다. 단, 선택을 내리기 전 이것 하나만 기억하자. '오늘의 나는 과거 행동의 총합이 만들어낸 결과물'이라는 사실 말이다.

당신의 지난 세월은
충분히 가치 있다

먼저 필요한 일을 하고 그다음 가능한 일을 하라.
그러면 어느 순간 불가능한 일을 할 수 있게 된다.
– 아시시의 성 프란체스코

우리 사회는 주부의 가치를 다소 폄하하는 경향이 있다. 집안일을 하고 아이를 키우는 게 엄마라면 당연히 해야 하는 일이고 또 누구나 할 수 있는 일이라고 생각한다. 회사일보다 집안일이 훨씬 수월하다는 생각, 주부의 가치를 존중해주지 않는 사회적 시선 때문에 주부들 스스로가 자신의 가치를 낮게 평가하는 경우도 많다. 하지만 이는 완전히 잘못된 생각이다. 집안일은 누구나, 아무나 할 수 있는 게 아니다. 오죽하면 육아휴직을 끝내고 회사로 복귀한 여성들이 '이제야 숨 좀 쉴 것 같다' '살기 위해 회사를 나왔다'는 말을 하겠는가.

언젠가 인터넷에서 '엄마의 조건'이란 글을 봤다. '엄마가 되기 위해서는 원더우먼처럼 힘이 세야 하고 퀴리 부인처럼 현명해야 하며 마더 테레사처럼 따스한 마음을 가져야 한다'는 것이다. 원더우먼, 퀴리 부인, 마더 테레사를 합쳐 놓아야 비로소 엄마라는 이름이 완성된다니 어떤 여성이 이 기준에 맞을까 싶다. 그런데 곰곰이 생각해보면 그다지 틀린 말도 아닌 듯하다.

인생의 길을 잃은 당신에게

결혼 전에는 조금만 무거운 물건을 들어도 힘겨워서 낑낑거리던 여성들이 엄마가 된 후에는 쌀 한 말 무게가 넘는 아이를 번쩍번쩍 안고 다닌다. 학교 수업 시간 꾸벅꾸벅 졸기 일쑤였던 여성들이 학원 설명회에 가서는 강사의 말을 한마디라도 놓칠세라 정신을 바짝 차리고 강의에 집중한다. 과거 자기밖에 모르는 이기적인 사람이라는 소리를 듣던 여성들도 자기 옷보다 아이 옷, 자기가 먹고 싶은 것보다는 아이가 먹고 싶어 하는 음식을 먼저 챙긴다.

전업주부의 길로 들어선 여성은 더욱 그렇다. 혹자는 '요즘 같은 세상에 살림만 하는 복 많은 여자'라고 말하지만 이는 정말 속 모르고 하는 소리다. 직장은 자신의 능력에 따라 얼마든지 그 가치를 인정받고 연봉과 승진 혹은 인센티브 등 보상이 따른다. 이와 같은 외부자극은 자아성취와 동기부여의 계기가 된다. 하지만 집안일이 어디 그러한가?

24시간이 부족할 정도로 가사에 힘을 쏟아도 그 노고를 인정받기란 쉽지 않다. 조금만 느슨해지면 남편에게 '집에서 하는 일이 뭐가 있느냐'는 소리를 듣는다. 아이들은 목이 늘어난 티셔츠를 입고 아침을 차려주는 엄마보다, 매일 아침 멋지게 차려입고 회사에 출근하는 엄마를 둔 옆집 친구를 부러워한다. 모두가 자신의 자리에서 빛나고 있는데 나만 갈 길을 잃고 헤매는 기분이다.

두말할 것도 없이 주부의 희생과 노력은 충분히 가치 있는 일이며 존경받아 마땅하다. 여성의 희생이 있기에 남편은 마음 편히 사회생활을 이어갈 수 있으며, 아이는 정서적 안정을 느끼며 건강하게 성장하는 것이다. 사회에서는 임신, 출산, 육아 때문에 직장을 그만둔 여자를 경력단절여성이라고 부르지만 그녀들은 경력이 단절된 게 아니다. 엄마라는 이름의 또 다른 인생 경력을 쌓고 있을 뿐이다. 아이를 양육하는 동안 엄마 역시 아이와 함께 울고 웃으며 성장하기 때문이다.

그러니 가족에게 희생한 그 시간, 아이 양육에 올인한 그 시간에 대해 자괴감을 가질 필요는 없다. 우리의 지난 세월은 충분히 가치 있는 시간이었으므로 그 노고를 칭찬받아 마땅하다. 고생 많았다. 다만 당신의 인생이 더욱 가치 있으려면 지금이라도 가족에게 그 수고와 노고를 인정받고, 엄마의 희생이 당연한 게 아니라는 사실을 알려야 한다.

도대체 어디서부터 잘못된 것일까?

상담실에서 만난 30대 후반 여성의 이야기다. 그녀는 어린 시절부터 현모양처를 꿈꿨다고 한다. 동대문 새벽시장에서 포목점을 운영하는 부모님 아래서 그녀는 늘 혼자였다. 학교에서 돌아오면 혼자 간식을 먹고 혼자 숙제를 하고 저녁마저 혼자 챙겨 먹어야 할 때가 잦았다. 맞벌이 부모 밑에서 성장하는 아이의 외로움을 누구보다 잘 알기에, 자신의 아이만큼은 엄마의 충분한 관심과 사랑 속에서 키우고 싶었단다.

건실한 남편을 만난 그녀는 두 아이를 키우며 10년 넘게 전업주부의 길을 걸었다. 현모양처가 되겠다던 어린 시절의 꿈을 잊지 않고 남편과 아이들에게 최선을 다했다. 아이와 남편의 저녁을 챙겨주느라 친구들과의 모임에 나가지 못하는 일도 허다했다.

어느덧 큰아이가 중학생이 되었다. 그녀는 로드 매니저를 자청하며 아이가 중3이 될 때까지 학교와 학원에 데리고 다녔다. '자신의 손을 거치지 않으면 양말 하나 못 챙겨 신는 식구들'이라며 볼멘소리를 했지만 당시만 해도 그녀는 자신의 삶이 행복했다고 한다.

그런데 아이가 사춘기에 들어서자 문제가 발생했다. 아이는 엄마의 관심을 집착으로, 엄마의 이야기를 잔소리로 받아들이기 시작했던 것이다. 하루는 친구들과 노느라 귀가가 점점 늦어지는 딸아이에게 '어디 갔다 왔느냐'고 물었는데, 딸아이가 짜증을 버럭 내며 "엄마, 할 일이 그렇게 없어? 만날 집에서 내 일거수일투족이나 신경 쓰고 있게? 엄마도 다른 엄마들처럼 일이라도 좀 해. 집에만 있으니까 잔소리만 늘잖아!"라고 소리치며 방문을 닫고 들어가버렸다.

"아이들에게 엄마의 손길이 얼마나 필요한지 그 누구보다 잘 알기 때문에, 어린 시절 제 외로움을 대물림하고 싶지 않았기 때문에, 그 누구보다 열심히 아이들을 돌봤어요. 도대체 제가 뭘 잘못한 거죠? 어디서부터 잘못된 거죠?"

나는 남편과 아이보다
나를 더 사랑한다

생선 한 마리를 구워서 남편과 아이에게 맛있는 부분을 발라주고, 자신은 생선 대가리만 먹었더니 나중에 아들이 며느리 앞에서 "우리 엄마는 생선 대가리를 제일 좋아해"라며 생선 대가리만 골라줬다는 일화가 있다. 저 스스로 엄마의 노고와 수고를 알아주는 자식은 드물다. 아이들에게 가르쳐야 한다. 엄마의 희생이 당연한 게 아님을 알려줘야 한다.

우울한 엄마 아래서 어떻게 웃음꽃이 만발한 아이가 나올 수 있겠는가? 엄마가 행복해야 가족이 행복하다. 가족을 위해 희생하는 엄마가 아니라 행복한 엄마가 현모양처다. 행복한 엄마가 되기 위해서는 내 인생의 1번이 남편과 자식이 아니라 나 자신이 돼야 한다.

내가 강연에서 엄마들에게 항상 하는 말이 하나 있다.

"우주의 중심은 나다."

이제는 아이보다 나 자신을 먼저 생각하자. 남편보다 나 자신을 먼저 사랑하자. 아이들에게 엄마도 맛있는 것을 먹을 줄 알고 좋은 옷을 입을 줄 알며 아름다운 풍경을 보면 감동하는 똑같은 사람임을 알려주자. 그래야 나중에 '우리 엄마는 생선 대가리를 제일 좋아한다'는 말을 듣지 않을 수 있다.

대한민국에서 일하는
여성으로 산다는 것

어떤 종류의 성공이든 인내보다 더 필수적인 자질은 없다.
인내는 거의 모든 것, 심지어 천성까지도 극복한다.
— 존 데이비슨 록펠러

아이와 회사, 일과 가정 중 어느 쪽에 더 무게를 실어야 옳은
것인지 혼란스러워하는 여성이 많다. 일을 포기하자니 경제적
인 문제와 경력단절에 대한 두려움이 발목을 잡고, 엄마 품이
필요한 아이를 어린이집이나 타인의 손에 맡기자니 죄책감과
불안한 마음이 든다. 책이나 언론에서는 슈퍼우먼 콤플렉스에
서 벗어나라고 말하지만, 정작 슈퍼우먼이 되지 않으면 회사 일
과 집안일을 병행하기란 사실상 불가능하다. 돈과 경력, 그리고

아이를 저울질하는 자기 자신이 원망스럽고 여유 없는 상황이 가슴 아프지만 현실을 생각하지 않을 수 없다. 당장 대출금 이 자는 어찌할 것인가? 더불어 이제 슬슬 인정받기 시작하는 경력은 또 어찌할 것인가?

워킹맘에게 찾아오는 3번의 위기

우리 조상은 예로부터 육체적으로 가장 힘든 일에 '질'이라는 글자를 붙였다. 도끼질, 삽질, 망치질, 지게질…. 그중에서 가장 힘들고 무거운 질이 무엇인 줄 아는가? 바로 '젓가락질'이다. 젓 가락에 밥 한술 뜨기 위해 오늘도 이토록 많은 사람이 사회라는 전쟁터로 제 몸을 던지는 것이다.

누군들 멋진 전문직 여성으로 성장하고 싶지 않을까? 누군들 좋은 엄마가 되고 싶지 않을까? 결혼과 동시에 퇴사를 생각하 는 여성은 과연 몇이나 될까? 지금까지 쌓아온 경력이 아까워 서라도 대부분 여성은 자신의 직장생활이 이어지길 바란다. 하 지만 여성에게는 임신과 출산 그리고 육아라는 복병이 있다. 나 는 이를 '워킹맘에게 찾아오는 세 번의 위기'라고 표현한다.

첫 번째 위기는 아이를 출산한 직후에 온다. 출산 후 아이를 안심하고 맡길 만한 사람이 없는 경우 손쉽게 일을 포기하고 아이를 선택하게 된다. 이때 하고 있는 일에 만족도가 낮다면 선택은 훨씬 쉬워진다. 전망이 밝지 않고 마땅히 갈 곳이 없어 버티고 있는 직장이라면, 굳이 아이를 희생하면서까지 일을 할 필요가 없다.

직장과 육아 사이, 서글픈 엄마의 딜레마

두 번째 위기는 의외의 시기에 다가온다. 바로 육아휴직 후 직장으로 복귀하는 타이밍이다. 근 일 년 동안 아이와 전쟁 같은 시간을 보내고 다시 회사에 출근할 때 여성은 일종의 해방감을 느낀다. '모유 수유하는 기계'에서 벗어났다는 해방감, '누구 엄마'가 아니라 '아무개 씨'라고 이름을 불러줄 곳이 있다는 감사함, 자신이 돌아갈 책상이 있다는 안도감은 그 무엇보다 강력한 동기부여가 된다. 이제 막 직장생활을 시작한 사회초년생처럼 설레는 마음으로 그 누구보다 활기차게 직장에 출근한다.

하지만 이도 잠시, 자꾸만 아른거리는 아기의 얼굴을 쉽게 지울 수 없다. 주인을 찾아오라고 항의하듯 탱탱 불은 젖가슴을 부여잡고 화장실에 앉아 아기에게 먹일 젖을 짜고 있으면 '이게 사람이 할 짓인가?' 싶다. 무슨 부귀영화를 보자고 귀한 내 새끼를 팽개치고 나와서 이러고 있나 한심한 생각마저 든다.

마이너스 통장을 생각하며 어렵게 육아와 직장생활을 병행하기로 마음먹었다고 치자. 몇 년 동안 매일 아침 머리 매만질 시간조차 없이 뛰어다녀도 조직에서는 매번 회식에 빠지는 자기밖에 모르는 사람, 아이가 아프다며 연차를 자주 쓰는 염치없는 사람이 되기 일쑤다. 그렇다고 가정에서 인정받는가? 가정에 조금만 소홀하면 집안일에 빵점인 여자, 모성애가 부족한 여자, 제대로 하는 게 아무것도 없는 여자가 된다. 회사에서도 눈치, 가정에서도 눈치, 친정이나 시댁에 아이를 맡기려고 해도 눈치…. 정말이지 눈칫밥도 이런 눈칫밥이 없다.

매일 아침 엄마와의 이별을 온몸으로 거부하며 눈물 콧물로 범벅된 아이를 겨우 떼놓고 일터에 나가는 일도 쉽지 않다. 아이가 감기에 걸린 것도, 싱크대에 설거지거리가 쌓인 것도, 남편이 빨래 바구니에서 3일 전의 와이셔츠를 다시 꺼내 입는 것도 모두 내 잘못인 것 같다. 도대체 다른 여자들은 어떻게 회사

일과 육아를 병행하는지 신기할 따름이다.

'더는 이렇게 살 수 없어. 내가 벌면 얼마나 번다고. 차라리 아이라도 제대로 키우는 게 낫겠어!'

또 한 명의 전업주부가 탄생하는 순간이다.

경력단절여성이 탄생하는 순간

아슬아슬하게 외줄을 타듯 일과 육아를 힘겹게 병행하던 엄마에게 세 번째 위기가 찾아온다. 바로 아이가 초등학교에 입학할 무렵이다. 유치원까지는 어느 정도 선생님의 도움으로 아이를 관리하고 보호할 수 있다. 하지만 초등학교에 입학하고부터는 그 몫이 모두 엄마에게로 넘어온다. 주변에서는 '엄마의 사회성이 곧 아이의 사회성으로 연결된다' '엄마의 정보력이 아이의 성적을 좌우한다'는 말이 심심찮게 들려온다. 이러한 이야기는 엄마들의 불안감을 높인다. 엄마들의 사교 모임에 참석할 수 없는 워킹맘은 더욱 그렇다.

종일 스마트폰을 붙잡고 살 수 없는 워킹맘에게 밴드나 단체 채팅방은 부담 그 자체다. 아이의 학교생활, 학원, 교육, 음식, 동네 맛집 정보를 알리는 알림음은 반가움이 아니라 스트레스로 다가온다. 혹 나와 아이가 소외될까 싶어 새로운 메시지를 확인하고 일일이 답글을 올리다 보면 업무를 포기해야 할 지경에 이른다. 얼마 지나지 않아 워킹맘은 그 무리에서 자의 반 타의 반으로 소외되고 아이 역시 각종 모임에서 자연스럽게 열외가 된다.

아이를 방과 후 수업과 학원으로 돌리며 엄마는 불안감을 감추려든다. 좀 더 나은 가족의 미래를 위해 지금 잠시 희생하는 거라고 스스로를 위로하며 이를 악물고 직장생활을 이어나간다. 그러던 어느 날 학교 선생님으로부터 아이가 학교생활에 적응하지 못하고 있다는 전화가 걸려온다. 반 친구의 생일파티에 내 아이만 초대받지 못했다는 사실도 뒤늦게 알게 된다. 자신의 커리어 때문에 아이가 불행하다는 결론에 이른 여성은 결국 직장을 포기할 수밖에 없다.

이처럼 임신, 출산, 육아 때문에 자신의 일을 포기하고 가정으로 돌아가는 기혼 여성을 우리 사회는 경력단절여성 일명 '경단녀'라고 부른다.

이제부터 나는
뻔뻔하게 살기로 했다

우리는 그 일이 일어날 것이라는 사실을 모르기 때문이 아니라,
그런 일이 일어나지 않을 것이라는
막연한 믿음 때문에 위험에 처하게 된다.
— 마크 트웨인

"결혼 11년 차 전업주부예요. 다시 일하고 싶은데 마트 계산
원이나, 보험 영업 말고는 받아주는 곳이 없어요."

강연이나 상담을 통해서 만나는 전업주부 중 상당수가 다시
일을 시작하고 싶어 한다. 한국정보화진흥원의 조사 결과에 따
르면 2014년 1월부터 2015년 6월까지 구직을 시도한 경력단절
여성은 34만 8,699명. 그중 취업자는 17만 945명으로 구직 희
망자의 50퍼센트도 되지 않는다. 취업이 어려운 가장 큰 이유는

구직자와 구인 기업 사이에 수급이 맞지 않기 때문이다. 일자리의 부조화가 문제인 것이다.

경력이 단절됐어도 결혼 전 좋은 직장에 다니던 여성이 단순 노무직이나 영업직을 원할 리 없다. 기업의 입장은 또 다르다. 그렇지 않아도 미혼의 젊은 구직자가 넘쳐나는 상황이다. 고도의 전문 인력이 아닌 이상 경력단절여성을 채용하려는 회사는 많지 않다. 결국 재취업 여성 대부분은 임시직이나 하향 직종으로 취업하게 된다. 여성이 경력단절 전과 같은 직종으로 복귀하는 경우는 40퍼센트에 불과하다.

당신이 일하지 못하는 진짜 이유

임신, 출산 등으로 직장을 그만뒀던 여성이 재취업을 생각하는 것은 경제적인 원인이 가장 크다. 보통은 아이가 초등학교에 들어가기 전까지 남편 혼자 벌어도 가정을 꾸려가는 데 큰 지장이 없다. 외식비나 옷값, 아이 장난감 비용 등을 아끼면서 알뜰살뜰 살림하면 적은 돈이지만 저축도 가능하다.

하지만 아이가 초등학교에 들어간 후 상황은 급격하게 변한다. 사교육 공화국이라 불리는 대한민국에서 아이 한 명을 키우는 데 드는 돈은 무려 3억 원이 넘는다고 한다. 이중 상당수가 사교육비로 사용된다. 아이가 대학에 입학해도 등록금, 어학연수비, 자격증 취득비 등 구멍 난 항아리처럼 돈은 계속 들어간다. 집안에 물려받을 유산이 있는 사람, 남편이 고소득 전문직이거나 성공한 사업가가 아닌 이상 평범한 샐러리맨의 외벌이로는 교육비 감당이 힘든 현실이다. 아무리 허리띠를 졸라매고 절약해도 상황은 나아지지 않는다. 돈은 벌어야겠는데 사회로 되돌아갈 용기 역시 쉽게 나지 않는다. 자신의 이름을 잃고 산 시간이 너무 길었기 때문이다.

전업주부가 되면 가장 먼저 잃어버리는 게 자신의 이름이다. 나 역시 아이를 낳고 전업주부가 된 후 10년 넘게 아무개 엄마로 불렸다. 명함을 가진 친구들이 부럽기도 했다. 대외적으로 자신의 능력을 한껏 펼치는 여성들을 보며 나도 그 자리에 서고 싶다는 생각을 하기도 했다. 아침마다 곱게 화장을 할 일도 예쁜 옷을 살 일도 점점 줄어들다 보니 외모에 대한 자신감도 잃었다. 한마디로 겁이 많아진 것이다.

이처럼 가정에만 있는 여성은 세상이 무섭다. 차마 집 밖으로 나갈 용기가 없다. '내가 사회에서 무엇을 할 수 있을까?' '아줌마를 써줄 곳이 있기나 할까?' '몇 푼이나 번다고 나가서 무시를 당해. 차라리 아끼고 절약해서 지금 생활을 유지하는 게 돈 버는 거야'라고 합리화한다. 이러한 속내를 자세히 들여다보면 불안함이 자리 잡고 있다. 새로운 일을 하게 될 경우 자신의 진짜 실력과 단점이 드러날까 봐 두려운 것이다.

세상이 무섭다고 지레 겁먹지 마라

20대에는 경험이 없어도 젊음이라는 자산이 있기에 무엇이라도 해낼 수 있다는 용기가 있다. 하지만 30대, 40대가 되면 용기는 사라지고 그 자리에 두려움과 불안함이 자리한다. 남에게 좋은 모습, 멋진 모습만 보이려고 하면 아무것도 시작할 수 없다.

새로운 공부나 일을 시작하고 싶다면 가장 먼저 나이에 대한 두려움부터 버려야 한다. 나보다 잘하는 사람이 있으면 열 살 어린 후배에게도 머리를 숙이고 배우려는 자세가 필요하다. 처음 사회로 복귀했을 당시 나는 뻔뻔함과 성실함을 무기로 삼았다. 못하는 걸 창피해하지 않았다. '못하면 어때? 처음부터 잘하는 사람이 어디 있어?'라고 생각하고 일단 저질렀다. 많은 시행착오를 거쳐도 내 것으로 만들 때까지 해보고 또 해봤다. 그러자 어느 순간 낯선 것이 익숙해지고 모르는 것보다 아는 게 더 많아졌다. 주변의 도움 없이 혼자 해낼 수 있는 일도 늘어났다. 항상 도움을 받던 내가 종종 누군가를 도와주는 일도 생겼다. 이런 관점에서 보면 일이나 공부를 시작하려는 여성들에게 필요한 게 바로 임계치(臨界値)가 아닐까 싶다.

익숙함을 포기하는 용기

임계치란 '어떠한 물리 현상이 갈라져서 다르게 나타나기 시작하는 경계의 수치'를 의미한다. 작은 눈송이를 생각해보라. 한겨울 작은 눈송이는 거센 동장군의 칼날을 이기지 못하고 이리저리 흩어져버린다. 하지만 작은 손끝의 체온으로도 녹아버리는 연약한 눈송이가 주먹만 하게 뭉쳐지고 지구의 중력에 의해 스스로 구르기 시작하면 이야기는 달라진다. 작은 눈덩이가 바위 정도로 크게 성장하는 건 순식간이다. 작은 눈덩이가 언덕을 저절로 굴러 내려갈 수 있는 최소한의 질량, 그것이 바로 임계치다. '20퍼센트 노력하면 나머지 80퍼센트의 성공이 보장된다'

'1억 원을 벌기 위해서는 최소 2천만 원의 종잣돈이 있어야 한다'라는 세간의 말들을 볼 때, 성공은 일정한 임계점을 극복해야 이뤄진다는 것을 알 수 있다.

세상은 빠른 속도로 변해간다. 1인 1직업의 시대는 끝났다. 20대에는 개인의 의지보다 환경에 따라 직업을 선택했다면 40대, 50대에는 진짜 내 일을 가져야 한다. 시간이 없어서, 경력이 없어서, 아이가 어려서, 경험이 부족해서 등의 핑계로 오늘 결정을 내일로 미루지 마라. 우리가 핑계 뒤로 숨으며 미루는 시간만큼 우리에게 남은 시간 역시 줄어들고 있다.

미국의 유명 작가 스펜서 존슨은 이렇게 말했다.

"삶은 변화의 연속이다. 그러니 지금의 편안함에 안주하지 마라. 편안함에 익숙해지면 바보나 멍청이가 되어 아무 일도 이룰 수 없지만, 지금의 편안함을 과감히 포기할 줄 알면 분명 달콤하고 신선한 치즈가 당신을 기다리고 있을 것이다."

30대, 40대 여성은 지금까지 살아온 삶보다 앞으로 살아갈 날이 더 많다. 그 긴 시간을 행복하게 잘 살려면 열심히 공부하고 미래를 준비해야 한다. 인생은 길다. 인생 후반전, 치열하게 준비하자!

경력단절여성이 재취업을 위해 준비해야 할 7가지

1. 고용센터에 구직 등록을 하자

경력단절이 되었더라도 일단 고용센터에 구직 신청을 해놓으면 정부의 관심 대상에 들어간다. 고용센터에 구직 등록을 하면 1차 상담을 받고 자신의 포트폴리오를 짜게 되는데, 이때 원하는 사람은 '내일배움카드'를 발급받을 수 있다. 내일배움카드란 국비 지원으로 취업 준비 교육을 받을 수 있는 제도다. 정부 예산이 풍요롭지 않기 때문에 내일배움카드가 상반기에 소진되는 경우가 많다. 그러므로 미리 신청해두는 것이 좋다.

2. 취업 연결을 받자

여성가족부에서는 '여성새로일하기센터(이하 새일센터)'를 운영하고 있다. 새일센터에서는 경력단절여성들의 경력, 전공, 연령, 경력단절 기간 등을 고려한 상담을 통해 직업교육 훈련, 인턴십 연계, 취업 연계 및 취업 후 사후 관리까지 종합적인 취업 지원 서비스를 제공한다. 각 지역의 새일센터에는 취업 설계사, 직업 상담사 등 취업 관련 전문 인력이 근무하고 있다. 이들과 상담을 신청하면 1:1로 지속적인 취업 상담이 가능하고 적절한 일자리가 나왔을 때 연결해준다. 국가에서 위탁 운영하는 기관이다 보니 새일여성인턴제도 등으로 연결돼 좀 더 쉽게 취업할 수 있다.

3. 구인 정보는 워크넷에서 얻자

워크넷에 등록하면 사람인, 미디어잡 등 구인·구직 사이트에 올라온 정보를 한눈에 파악할 수 있다. 워크넷 인증 기업의 구인 정보도 확인 가능하며, 이력서와 자기소개서 등 포트폴리오를 올려두면 바로 입사 지원이 가능하다. 공공기관이나 민간단체에서 상담과 일자리 알선을 받는 동시에 워크넷 구인 정보를 확인해 구직을 병행하는 것이 취업 준비 기간을 최소화하는 방법이다.

4. 포트폴리오를 만들자

기업에서 경력단절여성 채용 시 중요하게 평가하는 것은 이전 회사에서의 업무와 성과, 입사 후 수행할 수 있는 업무 능력 등 실무와 직접 연결되는 부분이다. 따라서 본인의 경력을 한눈에 살펴볼 수 있도록 이력서를 포트폴리오 형식으로 정리해두는 것이 좋다.

5. 경력단절 기간에 대한 계획을 세우자

과거 사회생활을 잘한 여성이라도 경력단절 기간이 길어지면 길어 질수록 일에 대한 감을 잃게 된다. 계속 전업주부를 생각하는 여성이 라면 상관없지만 반드시 재취업을 해야 하는 여성이라면 이와 관련 된 목표와 계획을 세워야 한다. 기본적으로 몇 년 동안 일을 쉴 것인 지, 직장으로 복귀할 때 가족의 지원은 얼마나 받을 수 있는지, 도움 을 받을 수 있는 관련 기관은 어디인지 등 경력단절 후 사회생활을 할 수 있는 환경 조성을 위한 목표가 필요하다. 업무와 관련된 자격 증 취득이나 관련 교육 이수 등 세부적인 목표까지 세운다면 더할 나 위 없다.

6. 재취업 욕구와 가족의 지원을 확보하자

직장으로 복귀를 결정할 때는 사회초년생보다 더 큰 열정과 다부진 각오가 필요하다. 이와 더불어 가족 등 주변의 지원도 확보해야 한 다. 치열한 경쟁을 뚫고 재취업에 성공했는데 아이와 남편 때문에 또 다시 일을 포기하는 여성이 의외로 많다. 이와 같은 경험을 하고 싶 지 않다면 재취업을 준비하는 동안 육아와 가사 분담을 어떻게 할 것 인지 계획을 세워야 한다. 배우자 및 자녀의 동의와 지지를 얻기 위 한 설득의 시간은 필수다.

7. 집 밖으로 나가자

새로운 분야로 도전을 준비하는 여성은 부족한 전문성을 강화하기 위해서라도 주변의 도움을 받을 필요가 있다. 이를 위해 관련 기관에서 강좌를 듣고 관련 분야의 사람들을 만나 인적 네트워크를 강화해야 한다. 고용노동부에서 진행하는 여성 재취업 집단상담 프로그램 강좌를 이용하는 것도 좋다. 여성 재취업 집단상담 프로그램을 이용하면 자기탐색, 성격유형 검사, 취업 로드맵 등을 안내받을 수 있다. 이외에도 정부와 지방자치단체들이 경력단절 여성을 위한 각종 지원책 및 프로그램을 운영하는 만큼 적극적으로 정보를 찾으려는 자세가 필요하다.

자존감이 낮은 엄마는 아이의 장점보다 단점을 더 크게 부각한다. '얌전하고 생각이 깊은 아이'를 '낯가림이 심하고 숫기 없는 아이'로, '활달하고 호기심이 많은 아이'를 '오지랖이 넓은 천둥벌거숭이'로 표현한다. 밤낮없이 자신의 단점만 들추는 부모 아래서 성장한 아이는 점점 위축된다. 전문 작가가 만들어준 연설문을 들고 회장 선거에 당선된다 한들 이런 아이가 무슨 자존감을 가질 수 있겠는가?

CHAPTER 5

아이는
엄마의 등을 보고 자란다

엄마는 무엇으로 성장하는가?

아이는 생각보다
빨리 자란다

그들이 당신을 뭐라고 부르는지는 중요하지 않다.
문제는 당신이 그들에게 뭐라고 대답하는가다.

W. C. 필즈

아이의 성적이 곧 엄마의 성적이 되는 대치동 한복판에 살면서 나는 참으로 다양한 경험을 했다. 지금도 잊을 수 없는 기억이 하나 있는데 우리 아이들의 초등학교 시절 일이다.

우리 아들은 전형적인 슬로우형 인재라 모든 것이 느렸다. 당연히 초등학교 시절 성적도 좋지 못했다. 본인 스스로 완벽하게 이해하지 못하면 움직이지 않는 스타일이니 어찌 보면 당연한 일이었다.

아이의 성적이
곧 엄마의 성적이다?

그래서일까? 당시 아들과 나는 아무에게도 주목받지 못했다. 학부모 모임을 가도, 동네 엄마들과 식사를 할 때도 나의 의견은 무시되기 일쑤였다. 아이가 공부를 못하니 엄마의 의견 역시 먹히지 않았다.

반대로 딸아이는 초등학교에 입학하자마자 두각을 나타냈다. 그러자 날 보는 주변의 시선이 180도 달라졌다. 주변 사람들은 내게 하나라도 더 많은 정보를 얻기 위해 애를 썼고, 나의 말 한마디 한마디를 귀담아들었다. 아들 친구 엄마들 모임에서는 별 반응이 없던 이야기가 딸 친구 엄마들 모임에서는 폭발적인 반응으로 이어졌다. 나는 변한 게 없는데 아이들의 성적에 따라 내가 처한 환경이 달라짐을 느꼈다.

그리고 시간이 흘러 두 아이 모두 소위 말하는 명문대에 입학했다. 아들의 초등학교 시절만 기억하는 사람들은 천지개벽할 일이라며 지금도 그 비결을 묻는다. 내가 한 일이라고는 그저 아이의 특성을 파악하고 아이가 제 궤도에 오를 때까지 기다린 것뿐이다. 물론 그 과정에서 호된 수업료를 치러야 했지만.

부모는 감독관이 아니라
관찰자여야 한다

아들의 특성을 제대로 파악하기 전 나 역시 조급한 엄마였다. 말로는 아이를 믿는다고 했지만 마음은 그렇지 않았나 보다. 전 속력으로 달리는 아이들 사이에서 느릿느릿 걷는 아이가 답답하게 느껴졌던 것을 보면.

게다가 남들보다 이른 유학을 다녀왔으니 당연히 D 외고 정도는 합격해야 한다고 생각했다. 도대체 무슨 근거로 외고 진학을 당연히 생각하고 오만을 부렸는지 부끄럽기만 하다. 아이는 진학에 실패했고 큰 상처를 입었다. 그때 상처가 얼마나 컸는지 지금도 아들의 스마트폰 속에는 당시 본인이 직접 그린 'D 외고 불합격'이라는 포스터가 사진으로 저장돼 있다.

특목고에 합격시키기 위해 아들을 대치동에서 압구정에 있는 학원까지 매일 데려다주던 수많은 시간, '이 수업은 반드시 들어야 한다'는 학원의 요구에 아무 생각 없이 카드를 내밀었던 바보 같은 투자, 학원에서 권유하는 수업을 들으면 아들이 무조건 특목고에 합격할 것이라고 믿었던 무서운 망상…. 지금 생각해보면 나는 참으로 엉망인 엄마였다. 다른 사람도 아닌 나 스스로 아들을 불행하게 만든 한심한 엄마였다.

　이후 일반고에 입학한 아들은 본인의 스타일대로 차근히 공부를 이어나갔고 그 결과 원하는 대학에 진학할 수 있었다. 아무리 예쁜 신발도 내 발에 맞지 않으면 무용지물이듯 아무리 좋은 교육법도 내 아이와 맞지 않으면 아무 소용없다. 부모는 아이를 감시하는 감독관이 아니라 세심하게 살펴보는 관찰자가 돼야 한다. 내 아이가 어떤 성향과 재능을 가졌는지, 무엇을 좋아하고 무엇을 싫어하는지, 공부 스타일은 어떤지 등을 파악해 이에 맞는 학습법을 찾아줘야 한다. 부모가 만들어놓은 이상향에 맞춰 아이의 실제 모습을 외면하면 안 된다. 부모가 이상향을 추구하는 순간 가장 불행해지는 건 다름 아닌 내 아이다.

아이가 자라면 엄마의 역할도 변한다

얼마 전 생후 100일 된 아기를 둔 엄마가 상담실을 찾았다. 교육 컨설턴트를 하며 수많은 학부모를 만나봤지만 신생아를 둔 엄마와의 상담은 이례적인 일이다. 이제 겨우 옹알이를 시작하는 아이를 두고 교육 상담이라니 유별나다고 할 수도 있다.

"저는 엄마가 되는 법을 배운 적이 없어요. 그런데 지금부터 제가 하는 선택 하나하나가 아이의 인생을 만든다고 생각하니 너무 무서워요. 남보다 똑똑하지는 않아도 뒤처지는 아이로 키우고 싶지는 않거든요. 그래서 말인데요. 선생님, 우리 아이 앞으로 무엇을, 어떻게 가르쳐야 할까요?"

엄마들이 조기교육에 열을 올리는 이유는 경쟁에 뒤지지 않기 위해서다. 어울림이나 더불어 사는 법보다 뒤처지지 않는 법을 먼저 가르쳐야 하는 현실이 서글프지만 그렇다고 마냥 손 놓고 있을 수도 없다. 그래서 아직 한글도 떼지 않은 어린아이에게 플래시 카드, 영어, 가베 등 각종 교육을 시킨다.

그러나 유아기에는 학습보다 엄마와 즐거운 시간을 보내며 자유롭고 창의적인 놀이를 하는 게 더 중요하다. 이때 형성된 애착 관계가 평생 엄마와 아이 사이를 좌우한다고 해도 과언이 아니다.

생각해보라. 신생아에게 엄마는 절대적인 존재다. 엄마가 챙겨주지 않으면 제대로 먹을 수 없고 배변을 해결할 수도 없다. 일거수일투족 엄마라는 절대자의 손길이 필요하다. 엄마의 뜻대로 아이를 키울 수 있는 유일한 시기이기도 하다. 하지만 생후 36개월만 지나도 상황은 달라진다. 엄마만 있던 아이의 세상에 장난감, 책, 친구, 반려동물 등 다양한 존재가 들어온다. 여전히 엄마의 보살핌이 필요하지만 배가 고프다, 짜증이 난다, 좋다, 싫다 등 의사 표현이 가능하기에 자신이 원하는 바를 주장할 수 있게 된다.

아이가 어린이집이나 유치원에 입학하면 엄마는 아이가 낯선 환경에 잘 적응할 수 있도록 도와주는 도우미 역할로 변신한다. 아이가 초등학교에 입학하면 도우미였던 엄마는 아이의 숙제를 함께하고 공부 계획을 짜주는 매니저가 된다. 학교생활은 문제없는지, 교우관계는 괜찮은지 살피고 학교 행사와 선생님 상담 등도 꼼꼼히 챙겨야 한다. 그래도 초등 저학년까지는 엄마의 바람대로 그럭저럭 아이가 따라와주는 시기라 할 수 있다.

교육보다 중요한 교감

아이가 초등 고학년이 되면 상황은 또 변한다. 이제 아이는 공부보다 게임을, 엄마보다 친구를 더 좋아하기 시작한다. 더 이상 일방적인 엄마의 뜻에 따르려 하지 않는다. 자기주장이 강해져 "안 해" "싫어" "왜?"라는 말을 입에 달고 산다. 아이가 중학교에 입학하면 상황은 더욱 심각해진다. 사춘기가 시작된 아이는 마치 자신이 청개구리라도 된 듯 엄마의 뜻과 반대되는 일만 실행한다. 말을 물가에 데리고 갈 수는 있어도 말이 원하지 않으면 물을 먹일 수 없듯, 아무리 좋은 학습 플랜을 짜줘도 아이가 스스로 하지 않으면 아무 소용이 없다. "엄마는 아무것도 몰라!" "엄마랑은 말이 통하지 않아!"라는 외침과 함께 제 방문을 잠그고 들어간 아이에게 무슨 수로 공부를 시킨단 말인가.

'영유아 때는 아인슈타인우유를, 유치원 때는 서울우유를, 초등학교 때는 연세우유를, 중학교 때는 건국우유를 먹지만 고등학교에 가면 저지방우유를 먹는다'는 농담처럼 초등학교 때 세웠던 아이의 장밋빛 미래는 아이의 성장과 함께 점점 멀어진다.

이런 아이가 고등학생이 됐다. 이제 엄마는 아이를 위해 무엇을 해줄 수 있을까? 안타까운 이야기지만 정말 아무것도 없다. 아이는 하루 중 대부분을 학교와 학원 등 외부에서 보낸다. 아이에게 집은 그저 잠자는 공간이 돼버린다. 끼니마저 집에서 먹는 것보다 외부에서 해결하는 경우가 많으니 정말이지 엄마는 해줄 게 없다. 이제 엄마가 할 수 있는 일은 그저 아이를 기다리는 것뿐이다.

영원히 품 안의 자식일 것 같지만 아이는 생각보다 빨리 자란다. 태어나서 겨우 10년 후면 벌써 엄마 품을 떠날 준비를 한다.

잘 알다시피 대한민국 아이들은 초등학교 입학부터 대입 전까지 무려 12년이라는 시간을 오롯이 공부를 업으로 삼는다. 유아기는 고작 3, 4년에 불과하다. 3, 4년밖에 안 되는 소중한 시간마저 교육에 쏟아부으면 엄마와 아이가 공유할 수 있는 시간이 너무 없다. 한 번 지나간 시간은 다시 돌아오지 않는다. 교육보다 중요한 건 교감이다.

관심과 간섭, 그 한 끗이 만들어내는
작지만 큰 차이

평범한 이들도 섭입겁만 없다면
얼마든지 놀라운 일을 할 수 있다.
— 잡스 프랭클린 캐터링

"요즘 우리 애를 보면 정말 내가 알던 그 아이가 맞나 싶어요. 내 새끼만 아니면 버리고 싶은 생각이 하루에 열두 번도 더 든 다니까요."

사춘기 자녀를 둔 학부모라면 이 말에 동의할 것이다. 사랑으 로 가득하던 아이의 눈빛은 엄마를 거부하는 반항적인 눈빛으 로 변한다. 부모는 스스로 제 방에 갇혀 외딴섬처럼 지내는 아 이를 보면 '요즘 애들은 도대체 왜 이럴까?'라는 생각이 절로 든다. 부모의 마음은 아프겠지만 사춘기는 아이가 독립을 준비하기 시작했다는 반가운 신호다. 어른이 되기 위한 첫발을 내디딘 것이다.

사춘기는 지나가는 소나기와 같다

정도의 차이만 있을 뿐 모든 아이는 질풍노도의 시기를 겪는다. 이 시기의 아이들은 부모로부터 거리를 두고 자유로워지길 원하며 부모의 관심에서 벗어나 주도적으로 자신의 삶을 이끌어나가길 바란다. 문제는 이러한 욕구가 공격적이고 부정적인 말투와 사고방식으로 이어진다는 데 있다.

사춘기 아이들은 하루에도 열두 번씩 감정이 변하고 본인 스스로도 감당이 안 될 정도로 예민해진다. 부모의 말 자체를 충고나 조언이 아닌 시비와 간섭, 잔소리로 여긴다. 마치 '세상은 내 중심으로 돈다'는 듯 자신의 주장은 옳고 부모의 생각은 다 틀렸다고 이야기한다.

말 잘 듣고 얌전하던 아이가 갑작스럽게 반항적인 태도를 보이면 부모는 당황스럽다. 이때 자녀의 행동을 이해하지 못하고 화내거나 꾸중으로 통제하면, 아이는 럭비공처럼 튀어나간다. 지나가는 소나기라 생각하고 아이의 판단을 존중하며 행동을 이해하려는 노력이 필요하다.

사춘기 자녀를 대하는 4가지 방법

사춘기 자녀를 둔 학부모 중 상당수가 아이의 '반항'보다 '성적'을 더 걱정한다. 성적이 떨어지는 게 눈에 보이는데도 공부는 하지 않고 '내 인생은 내가 알아서 할 것'이라고 큰소리치니 부모 속은 타들어갈 수밖에 없다. 아이는 엄마가 전전긍긍하는 모습을 보이면 보일수록 상황의 주도권이 자신에게 있다는 사실을 깨닫는다. 한마디로 '슈퍼 갑질'을 시작하는 것이다.

북한도 무서워한다는 중2병에 걸린 아이들, 그들과 함께 질풍노도의 시기를 무사히 보내려면 적어도 다음의 네 가지 대응법은 알고 있는 게 좋다.

첫째, 집 안에서 지켜야 할 최소한의 규칙이 있음을 인식시켜준다. 사춘기 아이들은 호르몬의 영향으로 감정 조절이 쉽지 않다. 그래서 자신도 모르게 충동적인 행동을 하는 경우가 많다.

그렇다고 기본을 무시하거나 버릇없는 행동을 무조건 수용해서
는 안 된다. 개중에는 부모 앞에서 욕을 하거나 조금만 기분이
나빠도 제 방문을 쾅 소리가 나도록 닫고 들어가는 아이들이 있
다. 부모가 이런 행동까지 이해할 필요는 없다. 집 안에 어른이
없는 듯 자기 멋대로 행동하는 모습만큼은 제지해야 한다.

둘째, 억지로 아이와 친해지려고 애쓰지 말자. 사춘기에 접어
든 자녀를 초등 저학년처럼 보살피는 엄마들이 있다. 24시간 아
이와 함께하며 아이의 손발처럼 움직이는 엄마들이다. 이는 오
히려 아이와의 거리를 더 멀어지게 만드는 행동이다.

만약 아이가 부모의 관심을 간섭이라고 여긴다면 굳이 먼저
아는 척할 필요가 없다. 아이들도 부모와 소위 말하는 '밀당'이
라는 것을 한다. 부모가 다가서기를 멈추면 아이가 먼저 다가오
게 돼 있다. 용돈이 필요하거나, 부모에게 부탁할 일이 있는 경
우 어쩔 수 없이 저 스스로 다가와야만 한다. 이때 부모의 행동
이 중요하다.

부모도 사람인지라 감정이 없을 수 없다. 섭섭한 마음에 '잡
아먹을 듯 반항할 때는 언제고, 필요한 게 생겼다 이거지? 나는
뭐 감정도 없는 줄 알아? 나는 뭐 제가 해달라면 다 해주는 사
람인 줄 알아? 그래, 너 잘 걸렸다. 맘고생 좀 해봐라'는 생각이

들 수도 있지만 상냥함을 잃지 말고 아이를 대해야 한다. '부모는 언제나 그 자리에서 나를 기다리고 있다'는 인식을 심어줄 좋은 기회를 놓치지 말자.

아이가 먼저 다가와 손을 내민 순간, 아이의 잘못을 지적하고 사생활을 꼬치꼬치 캐묻는 경우가 있다. 이것은 절대 해서는 안 될 행동이다. 아이 뒤에는 언제나 부모라는 든든한 지원군이 자리하고 있음을 인식시키는 게 중요하다.

남편의 도움이 필요한 순간

셋째, 남편을 적극적으로 활용하자. 사춘기 아이와 치열한 전쟁을 치를 때 힘겨루기에서 밀리지 않는 게 중요하다. 특히 사춘기 아들은 엄마 혼자 힘으로 감당하기 어려운 경우가 많다. 나를 도와줄 아군을 만들어야 한다. 남편을 활용하는 것이다. 남편이 아내를 지지하고 아내의 편이 돼주면 아이의 사춘기도 조금은 수월하게 지나갈 수 있다. 엄마와 아이가 다투고 있는데 남편이 "당신이 뭘 안다고 그래" "애 좀 그만 잡아"라는 식의 이야기를 던지면 아이는 엄마를 더 무시하려 든다. 따라서 남편을 내 편으로 만들어야 한다.

사춘기 아들과 말다툼을 벌이고 있는 엄마가 있다고 치자. 아이와 힘겨루기에서 밀린 엄마가 북받쳐 오르는 서러움에 눈물을 보이는 순간 남편이 나타나 "너, 왜 내 여자 울려!"라고 이야기한다. 아무리 반항기 가득한 아이라도 이쯤 되면 일단 후퇴할 수밖에 없다.

나 역시 남편의 도움으로 아들의 사춘기를 무사히 보낼 수 있었다. 남편은 '공부 못하는 것은 이해해도 버릇없는 것은 절대 용서할 수 없다'는 신념이 강한 사람이다. 무서운 아빠는 아니지만 필요할 때면 매우 엄격한 아빠로 돌변한다. 어지간한 일은 아이들의 편에 서지만 아들이 나를 무시하거나 함부로 대하는 일만큼은 허투루 넘기지 않는다. 사춘기 시절, 아들이 일정 선을 넘으면 남편은 아이를 앞에 앉혀 놓고 끝없는 대화를 나눴다. 아들은 가끔 그때를 회상하며 이렇게 말한다.

"엄마, 그거 알아? 나는 아빠 때문에 사춘기를 이겨낼 수 있었던 것 같아. 아빠의 잔소리가 너무 지겨워서 하루라도 빨리 사춘기를 끝내야겠다고 생각했다니까."

마지막으로 무슨 일이 있어도 아이의 밥만큼은 챙겨주는 엄마가 돼야 한다. 한때 비행소년이었다가 성공한 사람들 뒤에는 항상 제자리에서 기다려주는 엄마가 있었다. 친구들과 싸우고 가출한 뒤 집에 돌아와도 아무 말없이 따뜻한 밥상을 내준 엄마가 있었던 것이다. 가출한 아이가 뭐가 예쁘다고 밥상까지 차려주나 싶겠지만, 엄마의 밥에는 아이의 마음을 어루만지는 힘이 있다. 때로는 천 마디 말보다 엄마가 끓여준 된장찌개 하나에 더 큰 위로를 받는 게 우리 아이들이다.

부모라는 이름의 베이스캠프

마음이 제 뜻대로 되지 않아 외롭고 혼란스러운 사춘기 아이에게 부모의 사랑과 지지는 그 무엇보다 큰 힘이 된다. 간섭과 관심은 한 끗 차이다. 아이가 부모의 관심을 간섭으로 받아들이지 않도록 행동하는 지혜가 필요하다. 안다. 부모 노릇 하기 참 어렵다. 하지만 어쩌겠는가. 그것이 부모와 자식 간의 숙명인 것을. 아이에게 상처 입고 실망하고 좌절하는 경우도 많겠지만 부모가 변치 않는 마음으로 든든하게 버티고 있다는 믿음만 심어주면 아이는 반드시 제자리로 돌아온다. 그러니 방황하는 아이가 언제든 돌아올 수 있도록 든든한 베이스캠프가 돼주자.

실수가 있어야 무엇을 개선할지
알 수 있다

멀리 나아가는 위험을 무릅쓰는 사람만이
얼마나 멀리 나아갈 수 있는지를 알 수 있다.
─ T. S. 엘리엇

우리나라의 비데 보급률은 세계 10위 안에 든다. 비데가 이토록 빠른 시간에 널리 퍼진 이유 중 하나는 아이들이 대변 후 스스로 뒤처리를 하지 못하기 때문이라고 한다. 실제로 초등 고학년 중 적지 않은 아이가 일명 찍찍이 운동화라 불리는 벨크로 스타일의 운동화를 신고 다닌다. 초등 6학년이 제 운동화 끈 하나 매지 못한다. 하나부터 열까지 알아서 다 해주는 부모가 있으니 아이 스스로 배울 필요가 없는 까닭이다. 일례로 전업주부는 아이 등하교는 물론 학원까지 자동차로 바래다주고, 간식이며 숙제, 목욕, 잠자리까지 챙긴다. 워킹맘은 오후에 혼자 있을 아이가 걱정돼 늦은 밤까지 학원을 돌리기 일쑤다. 아이가 혼자 무언가를 해볼 수 있는 시간도 기회도 없는 셈이다. 불면 날아갈까, 쥐면 깨질까 하는 귀하고 애틋한 마음을 왜 모르겠는가만, 가끔은 해도 너무한다는 생각이 든다.

실수와 실패를 통해서 성장하는 아이들

우리 아이들이 초등학교 시절 유독 일기예보에 민감한 지인이 있었다. 그녀는 매일 아침 눈을 뜨자마자 텔레비전을 켜고 날씨를 확인했다. 만약 비가 내릴 확률이 10퍼센트라도 있으면 반드시 아이의 우산을 챙겼다. 아이가 깜빡하고 우산을 집에 놓고 가면 수업이 끝나는 시간에 맞춰 학교 정문 앞에 차를 대놓고 기다렸다.

비를 맞고 귀가하든 친구의 우산을 함께 쓰고 돌아오든 그건 아이의 재량이다. 일단 등교 후 벌어지는 일은 아이의 몫이라고 생각해야 한다. 아이가 건강하게 자라기 위한 필수요소인 자립심과 독립심을 엄마가 방해해서는 안 된다.

딸아이가 중학교 때의 일이다. 어느 날 아침, 등교한 아이의 책상을 정리하다가 수행평가 숙제를 집에 두고 간 사실을 알았다. 며칠 동안 열심히 준비한 과제인데 집에 두고 갔으니 얼마나 애가 탈까 싶었다. 딸에게 전달해줄 수 있는 시간이 충분했지만 나는 아이의 과제를 학교에 가져다주지 않았다. 과제를 집에 놓고 간 것은 분명 딸아이의 실수였다. 실수에 대한 책임은 스스로 져야 한다. 그날 저녁 딸아이는 제 방에서 한참을 울었다. 그리고 다시는 같은 실수를 반복하지 않았다. 만약 그날 내가 학교에 숙제를 가져다줬다면 수행평가에서 좋은 점수를 받았을지도 모른다. 하지만 분명 같은 실수를 반복했을 것이다. 성인도 그러하지만 특히 모든 것이 미완성이고 불완전한 아이는 실수와 실패를 통해서 성장한다.

비를 좀 맞고, 집에 과제를 놓고 가는 일이 아이에게 고통스럽게 느껴질까? 절대 그렇지 않다. 그저 마음이 심란하고 몸이 고생스러울 뿐이다. 1등을 놓치고 명문대에 진학하지 못했다고 해서 삶이 고통스러울까? 이에 대한 대답 역시 아니다. 공부는 못하지만 남과 다른 자신만의 통찰력으로 인생을 개척하는 사람이 얼마나 많은가? 다만 그 과정이 조금 오래 걸릴 뿐이다. 어차피 인생은 긴 레이스다. 행복이라는 목적지로 향하는 과정이 남과 다르다고 해서 문제 될 건 없다. 요즘에는 오히려 남과 다름이 축복인 세상이다.

고통에 대응하는 능력이
삶의 질을 결정한다

미국의 한 연구소에서 하버드대학교 졸업생 268명을 대상으로 70년 동안 그들의 일생을 추적 조사했다. 연구 결과 268명 중 약 30퍼센트는 성공한 인생을 살았지만 나머지 30퍼센트는 정신과 치료를 받을 정도로 불행한 삶을 살았다. 연구진은 소위 똑똑하다고 인정받은 사람들이 같은 출발점에서 비슷하게 시작했음에도 불구하고 왜 그렇게 다른 삶을 살 수밖에 없었는지 궁금했다. 오랜 시간 이에 대한 연구를 거듭했고 그 결과 '고통에 대응하는 능력'의 차이가 삶의 질을 결정한다는 결론을 내렸다.

어린 시절부터 공부를 잘하는 아이의 내면에는 '나는 최고' '언제나 1등'이라는 자부심이 있다. 집과 학교에서 항상 '잘한다'는 말을 듣고 주목받는 삶을 살았기에 작고 사소한 실수를 스스로 용납하지 못한다. 이런 아이가 대학에 진학하면 문제는 더 커진다. 우수한 인재들이 모인 명문대라면 어지간해서는 돋보이기 어렵기 때문이다. 주목받지 못하는 삶, 아무리 노력해도 앞선 사람을 따라잡을 수 없다는 심적 부담은 스스로를 패배자로 인식하게 한다. 외부적으로는 여전히 뛰어나지만 본인 스스로 실패했다 여기고 큰 좌절에 빠진다. 아이들에게 실수와 실패를 허락해야 한다. 아이들에게 실수와 실패를 만회할 기회를 만들어줘야 한다. 적어도 엄마가 이러한 기회를 뺏어서는 안 된다.

더 많은 실수를 경험하게 하라

여기 아장아장 길을 걷던 아이가 작은 돌부리에 걸려 주저앉았다. 이때 아이 엄마의 반응은 크게 두 가지로 나뉜다. 첫 번째는 큰일이라도 난 듯 호들갑을 떨며 달려와 아이를 일으켜 안는 것이고 두 번째는 괜찮다고 이야기하며 아이 스스로 일어날 때까지 기다려주는 것이다. 넘어질 때마다 엄마가 달려오는 아이는 주저앉는 순간마다 울음을 터트리며 안아달라고 손을 내민다. 저 스스로 일어날 생각조차 하지 않는다. 하지만 스스로 일어나는 법을 터득한 아이는 곧바로 울음을 그치고 다리에 힘을 주며 일어서려는 노력을 한다. 넘어져도 괜찮다는 것, 다시 일어서면 그뿐이라는 사실을 배운 까닭이다.

미국의 유명한 철학가 존 듀이는 실패와 성공의 상관관계에 대해 이렇게 말했다.

"실패는 단지 일시적인 현상일 뿐 한 번의 실패가 영원한 실패를 의미하지는 않는다. 한 사람이 발휘하게 될 재능의 크기나 삶의 방향성은 대부분 실패 이후에 결정된다."

실패가 끝이 아니라 새로운 시작점이 될 수도 있다는 이야기다.

세상을 살다 보면 하기 싫어도 해야 하는 일이 있고 하고 싶어도 참아야만 하는 일이 있다. 이런 과정이 학습돼야만 고통에 대응하는 능력이 향상된다. 학창 시절 겪은 크고 작은 실수와 실패의 경험이 상처를 스스로 극복하게 만든다. 이러한 과정을 겪은 사람만이 큰 시련이 닥쳤을 때 이겨낼 수 있는 면역력을 가진다.

우리 아이들에게 고통에 대응하는 능력 즉, 회복 탄력성을 길러줘야 한다. 아이가 더 많은 실수를 경험하게 허락하자. 부모는 그저 옆에서 아이가 다시 일어설 수 있도록 기댈 자리를 만들어주면 된다.

자녀에게 독이 되는 부모

'독친(毒親)'이라는 말이 있다. '지독한 부모' 내지 '자녀에게 독이 되는 부모'라는 뜻으로 저명한 심리치료 전문가인 수잔 포워드의 저서 『독이 되는 부모가 되지 마라(Toxic parents)』에서 유래한 단어다. 저자는 알코올 홀릭인 부모, 신체적·성적으로 학대하는 부모, 잔인한 말로 상처 주는 부모, 의무를 다하지 않는 부모를 독친으로 정의하고 있지만, 우리나라에서는 아이를 소유물로 생각하는 부모가 독친에 가장 가깝지 않을까 싶다.

나는 독친일까? 그렇지 않을까? 부모라면 한번쯤 생각해볼 문제다.

독친 체크리스트

1. 나는 완벽주의자다. ☐

2. 나는 긴장을 풀거나 즐거운 시간을 보내는 것이 어렵다. ☐

3. 삶의 문제가 쌓였을 때 의도하지 않던 행동을 하게 된다. ☐

4. 아이가 잘못하면 목소리를 높이거나 소리를 지른다. ☐

5. 실제로 하지 않은 일을 가지고 아이에게 겁을 준다. ☐

6. 아이가 말대꾸하거나 불평을 하면, 단순히 잘못된 행동을
   지적하는 게 아니라 아이가 불평하는 것에 대해서도 훈계한다.
   ☐

7. 아이에게 "다 네가 잘되라고 그러는 거야" "널 사랑해서
   그러는 거야"라는 말을 자주 한다. ☐

8. 아이의 사생활을 감시하거나 간섭한 적이 있다. ☐

9. 아이가 독립심을 가진다는 것을 인정하기가 어렵다. ☐

10. 아이에게 어떤 것을 요청했을 때, 아이가 아무 의문을
    제기하지 않고 바로 반응하고 처리하길 원한다. ☐

11. 어릴 때부터 아이에게 가족 내에서 지휘권이 누구에게

있는지 가르쳐야 한다고 생각한다. ⸺⸺⸺⸺⸺ ☐

12. 아이와 다툰 후 뒤끝이 있다. ⸺⸺⸺⸺⸺⸺⸺ ☐

13. 화가 나거나 스트레스를 받았을 때 더 까다로워지고
    아이의 삶에 더 큰 간섭을 한다. ⸺⸺⸺⸺⸺ ☐

14. 아이가 부족하다고 생각한 적이 있다. 그래서 종종
    '왜 제대로 하지 못할까?'라는 생각을 한다. ⸺⸺ ☐

15. 아이가 잘못될까 봐 늘 걱정이다. ⸺⸺⸺⸺⸺ ☐

16. 아이가 내 의견에 동의하지 않을 때 매우 화가 난다. ⸺ ☐

17. 아이가 복종하지 않을 때 부모가 엄격하게 아이를 다루면
    우리 사회의 모든 문제를 해결할 수 있으리라는 생각을 한다.
    ⸺⸺⸺⸺⸺⸺⸺⸺⸺⸺⸺⸺⸺ ☐

18. 내가 원하는 것이나 느끼는 것을 아이에게 직접적으로
    설명하지 않는다. ⸺⸺⸺⸺⸺⸺⸺⸺⸺ ☐

19. 아이 앞에서 아이 주변 사람을 무시하거나 조롱하고,
    그들이 잘못될 것이라고 말한 적이 있다. ⸺⸺⸺ ☐

• 5~9개 이상 체크 : 독친 예비군
• 10개 이상 체크 : 독친 위험군

* 서울대학교 심리학과 곽금주 교수팀

1등급 공부 습관을
만드는 방법

습관은 동아줄과 같다.
한 올 한 올 날마다 엮다 보면 결국 끊지 못하게 된다.
— 호러스 맨

중학교 선생님들이 학부모 면담을 할 때 제일 많이 듣는 이야기는 "우리 아이가 초등학교 때 공부를 곧잘 했는데, 도대체 왜 이런지 모르겠어요"라는 말이란다. 안타깝지만 초등학생은 자기 실력이 없어도 얼마든지 공부를 잘할 수 있다. 부모가 옆에서 일일이 챙겨주고 도와주면 누구라도 좋은 성적을 받을 수 있다. 한마디로 초등학교 성적은 엄마와 아이의 합작품인 셈이다.

하지만 중학교부터는 오롯이 아이의 힘으로 성적이 결정된다. 부모가 도와주려고 해도 도와줄 방법이 없다. 이것이 바로 초등학교 시절 보이지 않는 실력 즉, 내공을 쌓지 못한 아이들이 중학교 진학 후 고전을 면치 못하는 이유다. 여기서 말하는 보이지 않는 실력이란 바로 습관이다.

호환, 마마보다 무서운 습관의 힘

'무슨 일이 있어도 오늘 할 공부는 오늘 끝내는 습관'을 만들어 줘야 한다. 이러한 습관이 형성돼야 자기주도학습이 가능하다. 그런데 이러한 습관 형성에 제일 방해되는 존재가 누구인 줄 아는가? 아이러니하게도 바로 부모다. 뜻밖에 아이보다 부모가 먼저 약속을 어기는 경우가 많다.

'오늘은 너무 피곤해서 공부를 봐주기 어려운데. 내일 봐준다고 해야겠다' '오늘은 제사니까 괜찮아'라는 식이다. 집안일과 회사일로 피곤함에 지친 엄마가 아이의 공부를 봐주는 게 말처럼 쉬운 일은 아니다. 집중은 하지 않고 요리조리 눈치를 보며 어떻게든 빨리 책상에서 벗어나려는 아이를 바라보는 것도 그리 유쾌할 리 없다. 결국 정신적, 육체적으로 에너지가 부족한 엄마가 아이보다 먼저 포기를 선언한다.

"그래. 너도 힘들고 나도 힘들고, 오늘은 그만하자! 대신 오늘 쉬었으니까 내일 더 열심히 할 수 있지?"

엄마가 먼저 이러한 유혹을 이겨내야만 아이의 공부 습관을 만들 수 있다.

우리 아이들이 초등학교 시절, 몇몇 지인 가족과 스키장을 갔다. 스키장에 도착하기 무섭게 다른 집 아이들은 모두 눈밭으로 나갔지만, 나는 가방에서 스키복이 아닌 학습지를 꺼냈다. 그날 할 공부가 남아 있었기 때문이다.

함께 여행을 온 사람들은 황당한 표정을 감추지 못하며 "스키장까지 와서 무슨 공부야?" "놀려고 온 거지 공부하러 온 게 아니야" "그 정도는 집에 가서 해도 되지 않아?"라고 말했다. 아이들 역시 주변 어른들의 말에 잠깐 흔들리는 모습을 보였지만 나는 단호하게 고개를 저었다.

"딱 30분이면 돼. 우리는 30분만 늦게 나가자."

미국의 소설가 오리슨 스웨트 마든은 습관의 무서움에 대해 다음과 같이 이야기했다.

"습관이 만들어질 때는 눈에 보이지 않는 실과 같지만 그 행동을 반복할 때마다 그 끈이 차츰 강화되고, 거기에 또 한 가닥

씩 더해지면 마침내 굵은 밧줄이 된다. 습관은 우리의 사고와 행동을 돌이킬 수 없게 만든다."

엄마가 단호해야 한다. 공부 약속은 무슨 일이 있어도 지켜야 한다는 걸 인식하게 만들어야 한다.

공부 계획은 아이와 함께 짜라

너무 독하거나 지나친 게 아니냐고 묻는 사람들이 있는데 결코 지나치지 않다. 이러한 습관이 형성된 아이들은 공부뿐 아니라 모든 생활에서 자기관리가 된다. "공부해라"라는 말을 하지 않아도 스스로 척척 해낸다. 공부하는 습관이 밥을 먹고 잠을 자는 일처럼 생활의 일부가 되었기에 가능한 일이다.

이러한 습관이 형성되기까지 부모의 도움이 필요함은 물론이다. 아이의 능력과 성향 그리고 학년에 따라 그날 공부해야 하는 분량을 부모가 정해줘야 한다. 독서라면 하루에 몇 페이지를 읽을 것인지, 학습지라면 하루에 몇 페이지를 풀 것인지, 학교 공부라면 무슨 과목을 어디까지 마스터할 것인지 아이와 논의해 스케줄을 짜주는 것이다. 그리고 날마다 부모가 이를 확인하는 사인을 남겨주는 게 좋다. 처음에는 분명 이런 과정이 서로에게 스트레스로 다가올 것이다. 하지만 일정 고비만 넘기면 평생 서로가 편하다.

공부의 양은 결코 중요하지 않다

이때 주의할 점이 하나 있다. 절대 부모가 임의적으로 공부의 양을 늘려서는 안 된다. 아이가 잘하면 잘한 것을 칭찬해줘야 하는데 일부 학부모는 '더 많은 것'을 요구한다. 달리는 말에 채찍을 가해야 한다고 생각한다. 언젠가 상담실에서 만난 학부모는 이렇게 이야기했다.

"아이와 하루 공부할 양을 함께 결정했는데, 생각보다 애가 너무 열심히 하는 거예요. 1시간씩 걸리던 게 어느 순간 30분이면 끝나더라고요. 더 할 수 있겠다 싶었죠. 그래서 양을 조금 늘렸는데 그때부터 갑자기 문제를 푸는 속도가 느려졌어요. 요즘은 2, 3시간이 지나도 끝내지 못하는 경우가 많아요. 이를 어쩌면 좋죠?"

엄마들은 아이가 노는 꼴을 못 본다. 아이는 자기가 할 일을 다 끝내고 자유를 누리는데, 엄마들 눈에는 그 모습이 '공부를 더 할 수 있는 것'으로 보인다. 아이가 능력이 있음에도 게으르고 노력이 부족해서 더 하지 않는다고 생각한다. 아이가 공부를 끝내고 누리는 자유는 보상이다. 엄마와 약속을 지킨 보상, 스스로 열심히 공부한 시간에 대한 보상이다. 이를 엄마가 강제적으로 뺏을 권리는 없다.

생각해보라. 엄마가 먼저 약속을 지키지 않는데 아이가 굳이 약속을 지킬 이유가 무엇인가? 약속을 지키면 지킬수록 보상은 줄고 해야 할 공부는 늘어나는데 굳이 열심히 할 이유가 없다. 실제로 공부를 양으로 밀어붙이면 아이들의 집중력은 급격히 떨어진다. 어떤 아이들은 엄마의 성화를 이기지 못해 답안지를 베껴 쓰고 제 몫을 다한 척한다.

다시 한 번 말하지만 초등학교 시절 우리 아이들에게 중요한 것은 성적표의 숫자가 아니다. 중학교부터 드러날 보이지 않는 실력, 공부 습관을 형성하는 게 더 중요하다. 엄마가 조급함과 귀찮음을 버리면 누구라도 1등급 공부 습관을 만들 수 있다.

아이는 엄마의
행복을 먹고 자란다

남들이 당신을 어떻게 생각할까 너무 걱정하지 마라.
그들은 당신에 대해 그렇게 많이 생각하지 않는다.
엘리너 루스벨트

해마다 초등학교 회장 선거철이 되면 대치동 스피치 학원은 성수기를 맞는다. 회장 선거에 나가는 아이들이 후보 연설을 미리 연습하기 위해 몰려들기 때문이다. 일부 학부모는 전문 작가에게 비싼 돈을 주고 아이의 선거 연설문 작성을 맡기기도 한다. 그깟 초등학생 회장 선거에 왜 그리 유난을 떠나 싶지만, 회장 선거야말로 아이들의 자존감을 높일 수 있는 절호의 기회라는 게 엄마들의 공통된 생각이다. 이런 생각을 아예 틀렸다고 할 수는 없다. 실제로 어린 시절부터 일정한 직책을 맡은 사람이 그렇지 않은 사람보다 높은 자존감과 리더십을 보인다는 연구 결과도 있다.

엄마의 자존감이 곧 아이의 자존감이다

'자아 존중감'의 줄임말인 자존감은 자신이 사랑받을 만한 가치가 있는 소중한 존재이고 어떤 성과를 이뤄낼 만한 능력이 있는 사람이라고 믿는 마음이다. 그래서 자존감은 절대적이거나 객관적인 기준이 없다. 오롯이 개인의 주관적인 판단으로 이뤄진다.

EBS와 서울대학교 심리학과에서 공동 조사한 연구 결과에 의하면 자존감이 높은 사람은 자아상과 신체상이 긍정적이고 공감능력이 높아서 대인관계도 좋다고 한다. 또한 성취도가 높아서 성적이 뛰어나며 리더로 성장하는 경우가 많은 것으로 나타났다.

아이의 자존감을 높이고 싶은가? 그렇다면 엄마 자신의 자존감과 양육 태도를 먼저 들여다봐야 한다. 부모의 자존감이 아이의 자존감으로 고스란히 답습되는 경우를 너무도 많이 봐왔기 때문이다.

실제로 부모가 매사 불평불만이 많고 자존감이 낮은 반면 높은 우울감을 가지고 있으면 아이 역시 내성적이고 겁이 많으며 말수가 적은 경우가 많다. 반대로 부모가 매사 긍정적이고 자신감이 넘치며 실패를 두려워하지 않으면 아이 또한 매사에 호기심이 많고 어떤 환경에서도 뛰어난 친화력을 보인다. 이처럼 어린 시절의 환경이 아이의 자존감에 지대한 영향을 미친다는 것은 누구나 잘 알고 있는 사실이다.

나 자신을 믿는 힘

일례로 나는 어린 시절을 외가에서 보냈다. 동네 할머니, 할아버지들은 밥을 잘 먹으면 복스럽게 먹는다고 칭찬해주셨고, 동네 슈퍼마켓에 심부름이라도 가면 기특하다고 머리를 쓰다듬어주셨다. 길에서 우연히 마주쳐 인사를 하면 예의가 바르다고, 할머니를 도와 마당을 청소하면 부지런하다고 말씀해주셨다. 칭찬은 고래도 춤추게 한다더니 '잘한다' '기특하다'라는 말은 '더 잘하고 싶은 욕구'를 불러왔다. 못해도 혼나지 않으니 행여 실수해도 '다음에 더 잘하면 되지'라고 생각하게 만들었다. 부모님도 언제나 내 결정을 지지해주셨다. 덕분에 나는 다른 사람에게 의존하지 않고 스스로 결정하고 책임지는 법을 배울 수 있었다. 나 자신을 믿는 힘을 키울 수 있었다. 누가 뭐래도 하고 싶은 것은 반드시 행하는 용기, 넘어지면 무릎을 털고 일어나 다시 달릴 수 있는 지구력, 행여 다른 길로 돌아가더라도 조급해하지 않고 풍경을 즐기는 여유, 마지막으로 그 어떤 시련과 좌절에도 굴하지 않고 내 뜻을 관철하는 뚝심을 동네 어른들에게 배운 것이다.

부모의 등을 보고 자라는 아이들

오스트리아의 정신의학자 아들러는 '상대가 나에게 어떤 기대치를 갖느냐에 따라 그 사람의 그릇이 달라진다. 특히 취학 전 어떻게 존중받았느냐에 따라 자존감이 결정된다'고 말한다. 나 역시 비슷한 생각이다.

부모가 먼저 자존감을 세우고 아이를 존중해야 한다. 다른 사람도 아닌 부모가 내 아이에게 상처를 줘서는 안 될 일이다. 그런데 상담실에서 만난 학부모 중 상당수가 본인 스스로 아이에게 상처를 준다. 물리적인 폭력만 가하지 않았을 뿐 정서적 폭력이 상당히 심각한 수준이다. 그래서 부모의 자존감이 중요한 것이다.

일례로 자존감이 낮은 엄마는 아이의 장점보다 단점을 더 크게 부각한다. 아이를 옆에 앉혀두고 내 앞에서 아이의 잘못한 점만 이야기한다. '얌전하고 생각이 깊은 아이'를 '낯가림이 심하고 숫기 없는 아이'로, '활달하고 호기심이 많은 아이'를 '오지랖이 넓은 천둥벌거숭이'로 표현한다. 밤낮없이 자신의 단점만 들추는 부모 아래서 성장한 아이는 점점 위축된다. 이런 아이가 전문 작가가 만들어준 연설문을 들고 회장 선거에 당선된다 한들 높은 자존감을 가질 수 있겠는가?

자존감이 높은 엄마는 자기 만족도가 높다. 자기 만족도가 높으니 남편과 아이에 대해서도 크게 불만이 없다. 자신과 다른 의견을 내세우는 상대의 말에 귀 기울일 여유도 있다. 윽박지르고 화내지 않아도 아이와 대화가 가능하다. 당연히 아이의 자존감은 높아질 수밖에 없다.

행복한 엄마가 행복한 아이를 만든다

일본의 한 연구기관에서 미취학 자녀를 둔 서울, 도쿄, 베이징, 상하이, 타이베이에 거주하는 여성을 대상으로 '육아 행복도'에 관한 설문 조사를 했다. 여기서 내 눈길을 끈 항목이 하나 있다. '육아는 행복하지만 아이를 위해 희생하고 있다'라는 항목이다. 이 질문에 대해 도쿄 여성은 36.7퍼센트, 베이징 여성은 43.2퍼센트, 타이베이 여성은 54.2퍼센트가 '그렇다'라고 대답했다. 반면 한국 여성은 80퍼센트 이상이 '그렇다'라고 대답했다. 대한민국 여성 상당수가 아이를 기르는 일은 행복하지만 본인 스스로 큰 희생을 감수하고 있다고 생각하는 것이다.

계속 강조하는 말이지만 엄마가 행복해야 아이가 행복하다. 아이의 행복이 엄마의 행복이 될 수는 없다. 아이는 엄마의 희생을 먹고 자라는 게 아니라 행복을 먹고 자란다. 결국 아이와 함께 성장하는 행복한 엄마가 돼야 한다.

처음부터
잘하는 사람은 없다

지금은 내 얼굴을 아는 사람이 많지만 불과 몇 년 전만 해도 주변에서 '샤론코치'와 나를 연결하지 못하는 사람이 적지 않았다. 교육 컨설턴트인 샤론코치와 자신이 알던 아무개 엄마가 같은 사람이라는 사실을 모르고 강연에 참석했다가 나를 보고 깜짝 놀라는 사람도 있었다. 대략 10여 년 전에는 나 역시 그들과 함께 각종 교육 정보를 얻으러 다니는 사람에 불과하지 않았던가.

같은 청중의 입장에 있던 사람이 어느 날 갑자기 강연자로 나타났으니 놀랄 만도 하다.

내 이름 석 자를 되찾기까지

그중에는 우리 아들이 어렸을 때부터 알고 지내던 여성이 있다. 그녀는 나의 변신에 매우 놀라워했다. 우리 아들이 초등학교 시절, 그녀의 아들은 반에서 1등을 도맡아 했고 그녀 역시 남 못지않은 정보력과 경제력을 갖추고 있었다. 크고 작은 모임에서 리더 역할을 놓치지 않는 사람이었다. 오랜만에 만나 함께 식사하는데 그녀는 호기심 가득한 표정을 숨기지 않고 물었다.

"분명 비결이 있죠? 집에서 살림만 하던 사람이 어떻게 강사가 되었느냐고요. 그 사이 무슨 일이 있었던 거죠? 나도 그 비결 좀 압시다."

아무개 엄마에서 이미애라는 이름 석 자를 되찾은 내가 그녀의 눈에는 꽤 신기해 보였던 모양이다.

그날 저녁 집으로 돌아오는 길에 가만히 생각해봤다. 분명 같은 출발선에서 시작했는데 어떤 차이가 그녀와 나를 다른 길로 이끌었을까? 분명 그녀가 나보다 더 좋은 환경에 있었는데 왜 그녀는 여전히 제자리에 있고 나는 여기에 서 있는 것일까?

결론은 단 하나였다. 누가 도전했는가가 결정적 차이를 만든 것이다. 강연장이나 상담실에서 만난 여성들에게 '지금부터라도 공부해서 인생 후반부를 준비하라' '제2의 직업을 찾아라'고 이야기하면 대다수가 이렇게 대답한다.

"너무 늦었어요. 이제 시작해서 언제 이뤄요. 지금도 잘 나가는 사람이 얼마나 많은데요."

처음부터 잘하는 사람은 없다. 누구에게나 시작은 두렵고 무섭고 힘겨운 일이다. 개중 몇몇은 왕성한 호기심과 넘치는 에너지로 겁 없이 새로운 일에 적응할지도 모른다. 하지만 대부분은 설렘보다 두려움을, 호기심보다 의구심을, 기대보다 걱정을 먼저 하게 된다.

그래서일까? 내가 볼 때는 충분히 능력이 있고 가능성 넘치는 사람임에도 불구하고 무조건 '안 될 것'이라 단정 짓고 시작조차 하지 않으려 한다. 앞으로 60년, 70년을 더 살아야 할 사람들이 너무 늦었다고 말한다. 이런 사람들에게 해주고 싶은 이야기가 하나 있다. '일단 그냥 시작해보라'는 것이다. 막상 시작해보면 그동안의 걱정과 근심은 단순한 기우였음을 깨닫게 된다. 마음먹기가 어려워서 그렇지 막상 시작하면 별것 아님을 느끼게 된다.

벌겋게 달아오른 무쇠는 밀가루 반죽만큼이나 부드러워서 원하는 모양을 쉽게 만들 수 있다. 하지만 무쇠가 차갑게 식어버리면 이야기는 달라진다. 아무리 솜씨 좋은 대장장이가 와도 무쇠를 녹이지 않는 이상 경직된 모양을 바꿀 수 없다. 사람도 마찬가지다.

나이를 잊어야 창의력이 생긴다

사람의 나이는 숫자가 결정하는 게 아니다. 변화와 성장, 도전을 포기하는 순간 노화가 시작된다. 나는 그래서 물리적인 나이와 정신적인 나이가 일치하지 않는다고 생각한다.

새로운 무언가를 시작할 때 나는 지금까지 단 한 번도 '이 나이에 할 수 있을까?' '너무 늦은 것은 아닐까?'라는 의구심을 품어본 적이 없다. 오히려 '실패해도 상관없다. 다시 시작하면 된다. 이 길이 아니면 다른 길을 가면 된다. 그러니 실수해도 괜찮다. 처음부터 잘하는 사람은 아무도 없다'라고 나 자신을 설득한다. 하고 싶은 일, 배우고 싶은 것을 적어도 나이 때문에 포기한 경험은 없다.

많은 여성이 조금이라도 젊어 보이기 위해 주름 제거 수술을 하고 보톡스를 맞는다. 그런데 정작 우리 인생에서 가장 중요한 정신의 젊음에는 별로 관심이 없다. 정신의 젊음은 운동이나 보톡스로 유지할 수 있는 게 아니다. 젊게 살고 싶다면, 지금보다 더 나은 나를 만나고 싶다면 더 이상 나이 핑계를 대지 말고 새로운 일에 도전해야 한다. 리모컨 대신 손에 책을 들고, 주변 엄마들과 의미 없는 수다를 떠는 대신 전시회나 미술관을 찾아라. 그 무엇이라도 좋다. 익숙한 것에서 벗어나 새로운 환경, 새로운 사람을 만나는 게 중요하다. 그러다 보면 자연히 도전할 수 있는 자신감과 창의력이 생긴다.

내가 어린 시절에는 집집마다 마당 한 구석에 지하수를 끌어올리는 펌프가 자리하고 있었다. 요즘 사람들에게는 생소하겠지만 펌프에서 물을 길으려면 반드시 '물을 맞이하는 물' 즉 '마중물'이 필요했다. 그 한 바가지의 마중물이 없으면 팔이 빠져라 펌프질을 해도 물은 올라오지 않는다. 우리 인생도 마찬가지다. 제2의 인생을 맞이하기 위해서는 변화와 노력이라는 최소한의 마중물이 필요하다. 당신은 지금 어떤 마중물을 준비하고 있는가? 깊이 생각해볼 시간이다.

KI신서 7475

오늘 엄마가 공부하는 이유

1판 1쇄 인쇄 2018년 5월 17일
1판 2쇄 발행 2020년 12월 7일

지은이 이미애
펴낸이 김영곤 **펴낸곳** (주)북이십일 21세기북스
디자인 강수진
영업본부장 한충희
출판영업팀 김한성 이광호 오서영
제작팀장 이영민 권경민

출판등록 2000년 5월 6일 제406-2003-061호
주소 (10881) 경기도 파주시 회동길 201 (문발동)
대표전화 031-955-2100 **팩스** 031-955-2151 **이메일** book21@book21.co.kr

(주)북이십일 경계를 허무는 콘텐츠 리더

21세기북스 채널에서 도서 정보와 다양한 영상자료, 이벤트를 만나세요!
페이스북 facebook.com/jiinpill21   포스트 post.naver.com/21c_editors
인스타그램 instagram.com/jiinpill21   홈페이지 www.book21.com
유튜브 youtube.com/book21pub
서울대 가지 않아도 들을 수 있는 명강의! 〈서가명강〉
네이버 오디오클립, 팟빵, 팟캐스트에서 '서가명강'을 검색해보세요!

ⓒ 이미애, 2018

ISBN 978-89-509-7522-7 (03320)

책값은 뒤표지에 있습니다.
이 책 내용의 일부 또는 전부를 재사용하려면 반드시 (주)북이십일의 동의를 얻어야 합니다.
잘못 만들어진 책은 구입하신 서점에서 교환해드립니다.